AF390221

GEORGES D'ESPARBÈS

La Légion Étrangère

Illustrée par des Soldats Légionnaires.

PARIS

ERNEST FLAMMARION, ÉDITEUR

RUE RACINE, 26, PRÈS L'ODÉON

La Légion Étrangère

DU MÊME AUTEUR

La Légende de l'Aigle. 1 vol. in-18 . . . . Prix 3 fr. 50
La Guerre en Dentelles. 1 vol. in-18. . . . . . . 3 fr. 50
Les Demi-Solde. 1 vol. in-18 . . . . 3 fr. 50
Le Roi. 1 vol. in-18 . . . . 3 fr. 50
Les Yeux clairs. 1 vol. in-18 . . . . 3 fr. 50
Les Derniers Lis. 1 vol. in-18 . . . . 3 fr. 50
La Légion Étrangère. 1 vol. in-18. . . . . . . 3 fr. 50

45 069. — Imprimerie LAHURE, rue de Fleurus, 9, à Paris.

GEORGES D'ESPARBÈS

La Légion Étrangère

PARIS

ERNEST FLAMMARION, ÉDITEUR

RUE RACINE, 26, PRÈS L'ODÉON

1.

Une halte de la Légion étrangère.

Rue de Mascara, à Bel-Abbès.

A

LOUIS NOIR

*En témoignage
de mon affection et de mon admiration.*

PRÉFACE

En présentant au public cet ouvrage sur la
Légion étrangère *moderne*, telle que je l'observai
dans le court espace d'un mois, je sais qu'une
pareille étude sera jugée incomplète. Je n'ai pu
qu'accuser certaines figures, interroger quelques
âmes, celles, du moins, très hautaines ou trop
violentes, qui laissèrent devant moi pleurer leur
secret. Je n'ai pas « tout » dit, j'ai dit « le plus ».
Il m'était facile d'en écrire superficiellement,
mais les lecteurs auxquels ce livre s'adresse ne
me l'eussent point pardonné, parce qu'ils dési-
raient une base solide de documents. J'ai ainsi
procédé en faisant ce travail : je n'ai pensé
qu'appuyé sur mes renseignements, écrit

qu'excité par mes impressions. Ce que j'ai vu, je l'ai dit, je n'ai répété que ce que j'avais entendu. L'imagination, autrement, eût peu à peu égaré le sens de mon livre, elle en eût détruit la valeur, qui est sa sincérité.

G. E.

La Légion Étrangère

Ma vie a son secret...

Le lendemain de mon arrivée à Bel-Abbès, on me présenta au lieutenant B..., aimable et blond soldat qui s'était brillamment conduit au Tonkin.

— On m'a dit, mon lieutenant, que vous aviez été désigné pour écrire l'historique de la Légion. Il me semble que quelques mots sur son passé intéresseraient le public. La Légion ne date-t-elle pas de la conquête d'Algérie?

— Sa formation définitive commence là, dit le lieutenant; mais, pour la mieux comprendre, il faut remonter plus loin dans l'histoire. On se figure généralement que la Légion étrangère est la composition d'une idée moderne; elle existe

2

en fait depuis des siècles, et nous en usâmes toujours. Est-ce l'insuffisance de nos nationaux, ou le besoin qu'avait la France de s'épargner à tout prix qui constitua leur succès? Je vous laisse ces choses à examiner. Je ne suis chargé que de la chronologie des faits d'armes de notre corps, que je ferai précéder d'une notice sur ses diverses transformations. Cette brochure sera distribuée à nos hommes.

— C'est ce passé mercenaire que je désirerais connaître. Puisque vous y travaillez, mon lieutenant, le sujet vous est familier, et en quelques minutes de causerie,...

Nous entrâmes dans l'ombre verte de la jolie rue de Mascara (Mascara street pour les sous-lieutenants), et M. B... me fit le plus simplement du monde, en quelques traits nets et rapides, l'historique des corps étrangers-français.

Je réappris, en l'écoutant, des choses que nous avons sues, et que beaucoup d'entre nous ont oubliées : je revis la Garde écossaise de Charles VII, les Suisses, les Albanais (ou Stradiots), les Flamands, les Wallons, les Allemands (ou Lansquenets), puis les Irlandais, les Italiens, les

Corses, les Suédois, les Anglais et les Espagnols employés par ses successeurs.

— Quels motifs à ces enrôlements d'étrangers?

— L'indépendance de la noblesse d'alors qui obligeait les rois de France à recourir aux troupes mercenaires.

Le courage et le dévouement de ces troupes, continua l'officier en marchant, les fit entrer dans la garde particulière des souverains. Les Gardes suisses firent brigade avec les Gardes françaises, les Cent Suisses et les Gardes du Corps écossais furent incorporés dans la Maison royale.

A la chute de la royauté, la Convention appela au secours de la France tous les peuples européens. La création des légions étrangères date véritablement de la première République : le gouvernement lève alors les Légions batave, allobroge, italique et polonaise.

En Égypte, Bonaparte utilise les services des Grecs, des Cophtes et des Mameluks.

Sous l'Empire, des multitudes d'étrangers accourent, éblouis par la gloire française. Des régiments suisses, polonais, hanovriens, irlandais, portugais, espagnols, albanais, grecs, croates, illyriens, prussiens, sont créés de nouveau. Trois régiments sont formés pour recevoir les déserteurs de tous pays. Les Belges, les Hollandais, les Italiens et les Allemands sont incorporés dans l'armée nationale.

Ces bandes se dissolvent à la fin des guerres, ajouta le lieutenant; mais parmi elles beaucoup d'étrangers aimaient la France; pour les recevoir et les garder, Louis XVIII créa un *Régiment colonial étranger*.

Nous tournâmes vers l'allée de Tlemcen où s'égosillaient en disputes les effrontés cireurs maures.

— Pendant les Cent Jours, Napoléon crée huit régiments étrangers. Louis XVIII les licencie et forme à leur place une Légion Royale Étrangère : Légion de Hohenlohe qui, une fois dissoute, fut le 21e léger (86e de ligne actuel).

Je vais finir. Le contre-coup de la Révolution de 1830 se fit sentir en Europe, et de nombreux bannis politiques viennent chercher refuge au milieu de nous. Pour utiliser les services de ces militaires étrangers non nationalisés, la loi du 9 mai 1831 prescrit la formation d'une légion étrangère qui ne pouvait être employée que hors du territoire continental, car les Chambres redoutaient le dévouement de ces mercenaires.

— Vous dites : les Chambres...

— C'est l'histoire, dit froidement le soldat ; les Chambres les redoutaient, malgré qu'ils n'eussent jamais fait cause *avec les fauteurs de désordre.*

Honnête figure ; aucun trait ne bouge. Je lis sur celle-là les mélancoliques vertus passives : abnégation silencieuse, défense de ce qui est, enthousiasme aux lèvres scellées, discipline. Et on nous parle encore d'armée anti-sociale et de péril militaire...

— Cette troupe admirable comprit au début 7 bataillons de 8 compagnies chacun ; les hommes étaient répartis par nationalités dans les bataillons : les 1er, 2e et 3e renfermaient des Suisses et des Allemands, le 4e était composé d'Espagnols, le 5e d'Italiens, le 6e de Belges et de Hollandais, et le 7e de Polonais ; ils partirent en 1831 pour l'Algérie : la Légion étrangère moderne était créée. Me voici au bout de mon petit cours, plaisanta l'officier souriant; le reste vous sera dit par les camarades ou révélé par l'observation. Que faites-vous, ce matin?

— Je vais boire une tasse au Café maure.

— Eh bien, buvez promptement, et allez vous poster près de la gare. Une trentaine de recrues vont arriver d'Oran; vous verrez, c'est quelquefois très curieux, il y a des types.

Je me dirigeai vers la gare, où je rencontrai un autre jeune lieutenant, homme élégant, mince, peu causeur, ex-officier alpin; qui venait de faire une cure de songe dans les neiges.

— Vous venez attendre les nouveaux?

— Comme vous, peut-être, mon lieutenant...

— Oui, j'aime mieux les voir ici qu'à la caserne. Sans qu'ils s'en doutent, on a loisir de les observer, pour les mieux connaître plus tard, afin d'éviter les gaffes. Nos tailleurs les uniformisent, mais dans leurs vêtements de pékins tous ces hommes ont encore leurs angles. Et puis, dit plus bas le lieutenant, j'avoue que cela m'amuse, c'est un « exercice » de psychologie non prévu par les règlements. Reculons, le train entre en gare.

Peu d'instants après, derrière un sous-officier de la Légion, le détachement apparut. En nous voyant, un grand maigre, sans chapeau, fit cla-

Mosquée de Bel-Abbès. (Place d'exercices.)

quer ses pattes sur le trottoir, et fourra dans sa poche son cigare à moitié fumé.

— Un Français, on pourrait même parier qu'il sort des Bat' d'Af'.

Le groupe des vingt-six hommes s'arrêta derrière le sergent, qui les ordonna par quatre, sans rien leur dire, à la main. Mon regard entra dans les rangs, et j'interrogeai les figures.

Les unes ne disaient rien, les autres ne vou-

laient rien laisser voir. J'en laissai, dans le tas, qui me semblèrent quelconques, lisses, dépourvues des creux et bosselures de l'expression, fermées comme ces coffres dont on ne peut deviner ce qu'ils contiennent, des bijoux ou de la poussière. Dans un foulard rose déchiré, un petit homme qui tiquait du cou portait en écharpe son bras droit, nous apprîmes par le caporal qu'il s'était battu à Dôle. Deux blonds, les plus jeunes, l'air honnête, un peu ahuris, timides, presque sans moustaches, étaient, avec trois autres de leurs camarades, des Alsaciens et Lorrains. Tandis que le sous-officier comptait ses hommes,

l'œil sur une liste, le caporal riait en les regardant ; il en montra un que nous n'avions pas aperçu, et qui semblait se cacher ; il avait toute sa barbe, les yeux près des oreilles, en veau, un bâton à la main et une casquette de jockey ; il portait une blouse de toile blanche, un paletot marron serré sur la blouse, et le bas de cette blouse retombait en faisant des plis de jupon sur deux jambes noires et nues dont les pieds s'enfonçaient dans deux bottines éculées; nous sûmes qu'il avait bazardé le pantalon, aussitôt après sa visite au fort Saint-Jean de Marseille. — Helbreiner! présent. Fossé! présent. — Nous nous approchâmes un peu, et je vis alors plein à plein, sous un ciel qui entrait dans les moindres rides, ce que peut la misère sur de la chair d'homme : ce n'étaient que bouillies de traits dont les nerfs lassés n'obéissaient plus à l'émotion. Parmi ces vaincus, un gros homme brun, formidablement mâchoiré, regardait la ville d'un air satisfait : « Oh! les belles mains, dit le lieutenant, celui-là est le vrai légionnaire, l'aventurier, l'homme d'action; voyez, déjà il s'impatiente. » Plus loin, j'aperçus deux yeux de chienne qui m'observaient, doux, profonds, fixes. Je tournai la tête et demandai au caporal : « Qui est cet homme? » Il consulta le carnet : « C'est un Bulgare qui a pleuré sur le bateau. Mais il n'y a pas que lui d'étranger; nous avons quatre Belges, un Suisse, un sous-officier bavarois, deux Espagnols, et il y a même un Américain, ce qui est rare. » — Hermann! présent. Mosso! pré-

sent. Agarta! présent. Hansen! présent. Rivaux!...
Rivaux n'est pas là? cria le sous-officier. Présent,
répondirent soudain d'affreux haillons. « Mon
gaillard, dit le sergent, à la caserne il faudra ouvrir vos oreilles, et vous rappeler votre nom. »
— « C'est un qui en a changé, me dit le caporal,
il y en a comme ça une vraie bande. » Deblan-
der! présent. F...! présent, murmura derrière
les autres un personnage assis au bord du trottoir, qui se leva soudain au-dessus d'eux, comme
un mystère.

A peine eus-je vu cet homme que je m'y atta-
chai obstinément. Autour de mon regard qu'il
retenait avec force, les choses qui n'étaient pas
lui se changèrent en fumées vagues, et mes impressions se précipitèrent. Maintenant que je les
rappelle, je les vois toujours en désordre. Je sens
que cet inconnu présentait en une fois trop
d'énigmes à deviner, qu'il m'effraya en m'atti-
rant et flétrit, sans même me regarder, par la
seule projection de sa surface, l'imprudent juge-
ment que j'allais faire. J'escortai le détachement, fasciné.

C'était un homme de trente-cinq ou de trente-huit ans, légèrement roux, aux yeux plutôt petits, durs, mais un événement y vivait encore, et cette dureté n'était sans doute qu'apparente. Il avait les tempes dégarnies et grises, un fort menton, les moustaches légères et tombantes, une blessure de boue à l'aile droite du nez. Il était grand. Son regard fixe et déteint rôdait par terre. Le col de son pardessus était levé d'un côté; son devant de chemise, fripé comme après une lutte, bavait sur le gilet noir dont un bouton était libre. Son pantalon était sans tache, ses bottines neuves. Il avait dans la poche de son pardessus un paquet entortillé d'un grossier mouchoir à carreaux évidemment emprunté à ses compagnons. Il marchait d'un pas allongé, de sport, qui cognait parfois les souliers de son chef de file. Le chapeau terne et sali, brisé de cassures, avait dû tomber plus d'une fois de ce front trop lourd de malheurs.

Le lieutenant n'était plus là. Quelques pas sur le sol ranimèrent ma stupéfaction, je me ressaisis dans une sorte de pitié furieuse : D'où venais-tu, si pâle, avec ton clair pardessus, ton chapeau de soie, *en frac*? Des bras d'une femme? D'un salon de tripot? De l'amour? Du jeu? De quel enfer? A cette heure, te voilà en route vers la caserne, car on t'a dit que celle-là était un cloître, le monastère de l'Action, et, pour en finir au plus vite, tu t'es engagé comme d'autres se font Chartreux. Plus

de soupers, plus d'épaules nues, plus de fleurs; autre existence : la gamelle, le fusil, le bateau, la fièvre, — ou une balle. Après tout, c'est peut-être ta faute. Mains nerveuses et tendres, ongles affinés par les limes, qu'avez-vous fait? Moustaches poissées de cocktail, quels sanglots cachez-vous? Noceur, quelle boue as-tu sur la face? la boue de la rue Royale ou du vieux port de Marseille? As-tu perdu ta fortune au cercle? as-tu été affiché? as-tu.... Et si tu n'étais qu'un cœur en ruines.... Tu n'es peut-être, ô pauvre homme, qu'un amant trompé. Inconnu, souffrance vivante, si peu vivante en son désespoir, tes yeux sont rouges, tu as fait une faute et tu l'as pleurée, et tu l'as si bien regrettée, que, sans même songer à laisser là ton habit, tu t'es enfui après le « drame ». Nous arrivons. Nous voici à la rue de Daya, et voici près de toi la caserne. Allons, suicidé, courage! Guichet de la Légion, un billet pour Madagascar, et, s'il n'y a pas de place, un pour le Tonkin, ou pour le Dahomey, ou pour le Sud...

A midi, je m'informe auprès des officiers.

— Celui dont vous parlez, dit quelqu'un, s'est engagé sous le nom de F..., ingénieur italien. Ce n'est pas fortement imaginé. J'ai un Lucquois pour ordonnance, je les ai fait causer tous les deux : le prétendu ingénieur baragouine à peine un bonjour.

— A votre avis, qu'est-ce?

— Bah! un homme du monde, sans doute, qui a dû faire des bêtises.

— Et ceux-là?

L'officier me devine :

« Ceux-là, comme les autres : *des héros.* »

LES MENSONGES

LES MENSONGES

On ne fait pas d'enquête sur les déclarations des nouveaux venus aux régiments étrangers : « Comment vous appelez-vous? » L'homme invente un nom. « Quel âge? » Il en dit un. « Quelle profession? » Il fait inscrire celle qu'il veut. Les officiers qui les accueillent, experts en psychologie expérimentale, considèrent un instant leurs têtes, haussent les épaules : « Fourrier, conduisez vos recrues au magasin d'habillement; allez, *messieurs*. » Cette politesse à des hommes qui présentent encore au front des marques intellectuelles, c'est le dernier salut de la société. Entre ceux-ci qui arrivent et le monde déjà lointain, c'est la porte.

J'ai sur ma table une feuille de répartition professionnelle qu'un sergent établit pour moi. J'y peux lire les professions « annoncées » par ceux qui entrèrent au corps, de février en août 1885, et de mai en novembre 1898. Je ne donne ces chiffres que pour exciter les émotions du lecteur.

Les totaux de ces deux semestres, ensemble, donnent 149 journaliers (manœuvres et terrassiers), 103 employés de commerce ou de bureau, 58 cordonniers, 56 ouvriers de fabrique, 51 boulangers, 49 serruriers, 41 cultivateurs, 37 étudiants, 36 maçons, 32 domestiques, 32 comptables, 28 menuisiers, 28 tailleurs, 26 mineurs, 25 bouchers, 24 peintres, 22 garçons d'hôtel ou de café, 21 tisserands, 21 horlogers, 20 jardiniers, 20 forgerons, 19 mécaniciens, etc....

Beaucoup de ces chiffres, on le devine, sont dus à l'imagination, au mensonge. Pas mal de vautours se sont faits moineaux pour entrer sans gêne dans la caserne : l'ingénieur s'y est fait inscrire comme mécanicien, le financier comme petit comptable, l'architecte comme manœuvre, le notaire comme employé de bureau, l'industriel comme ouvrier de fabrique, tel comte s'y

fait passer pour dresseur de chevaux, tel homme
de lettres pour jardinier, tel polytechnicien pour
forgeron, tel philosophe pour cultivateur ou tel
négociant pour valet de chambre. La colonne
« sans profession » chiffre un total de 112, où pul-
lulent évidemment les ex-officiers, les médecins,
les professeurs, les prêtres, les avocats : c'est le
chiffre de la Douleur qui se voile.

Le tableau des nationalités provoque les
mêmes soupçons. Je lis que, dans l'espace de
deux années, 1896 et 1897, il y eut dans ce corps
de troupes, en Algérie (caporaux seulement ou
soldats), 2635 Alsaciens et Lorrains; 2511 Allemands, dont 90 se firent naturaliser; 1805 Français, *dont 1755 s'engagèrent comme étrangers*;
1712 Belges, 116 naturalisés; 975 Suisses, 87 naturalisés; 353 Autrichiens, 14 naturalisés; 81 Espagnols, 18 naturalisés; 56 Anglais, 3 naturalisés;
(trois hommes bien extraordinaires), et 46 Turcs,
ou inscrits Turcs, restés farouchement Turcs.

Faut-il adopter le tableau tel quel? Ce certificat d'origine des éléments divers de la Légion,
établi pour les deux années 1896-1897, présente
à la réflexion des chiffres qu'on est obligé d'in-

terpréter. On devine, en le parcourant, qu'il dut se faire entre les patries d'inconscients échanges, des adoptions et des abandons instinctifs : qu'une certaine quantité d'Allemands, par exemple, se déclarèrent Alsaciens-Lorrains et même Autrichiens, dès leur arrivée au corps; que beaucoup de Français s'engagèrent comme Suisses ou Belges, qu'Espagnols et Italiens firent le quadrille, et que les Roumains, les Égyptiens et les Grecs s'avouèrent Turcs. Pourquoi? Qui le sait... Ces mensonges émeuvent, et il y a derrière ces duperies tout un fonds lointain de mystère. Fourrier, mets-toi au bureau, pose tes trois questions, mais n'insiste pas; inutilement tu ferais pâlir.

Donc, tout est mensonge dans cette foule. Il faut dire plus : elle vit dans un perpétuel état de mensonge, elle se ment à elle-même pour tenter de s'illusionner, et les hommes qui la composent mentent certainement entre eux pour justifier les uns et les autres, par l'estime du camarade ou les apparences de son estime, l'abomination de la faute, toute la terreur d'un passé que tant de mensonges, ils le croient, finiront enfin par anéantir. Mais ce vice est-il là un vice? Un mensonge qui réjouit un malheureux est-il un mensonge lâche? Un mensonge étendu sur une mauvaise vie comme un drap sur une hideur est-il un mensonge infâme? Fausses professions et fausses nationalités, vous cachez de véritables souffrances, et cela suffit.

L'état de répartition « par âges » est aussi douteux. Pour les mêmes semestres : février-août 1885, mai-novembre 1898, je vois 197 légionnaires engagés à 18 ans, 146 à 19 ans, 142 à 22 ans, 119 à 23 ans, 118 à 21 ans, 117 à 24 ans, 101 à 26 ans, 90 à 27 ans, 76 à 28 ans, 76 à 20 ans, 71 à 25 ans, 45 à 29 ans, 44 à 32 ans, 41 à 30 ans, 36 à 33 ans, 34 à 31 ans, 31 à 34 ans, 25 à 35 ans, 14 à 36 ans, 12 à 38 ans, 11 à 37 ans, 7 à 39 ans, 5 à 40 ans, 3 à 41 ans, 3 à 42 ans et 1 à 45 ans. Admettons pour vrai ce tableau; je prie le public de faire la moyenne, il constatera par le chiffre à quelle heure de son existence l'homme est encore capable de traiter vigoureusement son désespoir ou sa honte.

Mais, là comme ailleurs, beaucoup de nombres sont faux, car les hommes n'avaient à montrer ni casier judiciaire, ni acte de naissance, et on a écrit ce qu'ils disaient. Tel, ayant 40 ans sonnés, s'est trouvé pied ferme et œil fin, et s'est rajeuni de sept ou huit ans. Tel autre, qui en avait 30, n'en voulut avoir que 24, dans l'espoir de plusieurs congés. Les hommes de 25, 26, 27 ou 28 ans, n'ont pas trop menti, c'est l'âge normal. Parmi ceux de 20 à 23, beaucoup d'affaiblis par les chagrins et les privations assurèrent qu'ils avaient 30 ans, qu'ils étaient des hommes usés, mais qu'il leur manquait seulement du pain pour revivre, et on écouta leurs mensonges. Restaient les légionnaires de 18 et de 19 ans, les plus jeunes.

Était-ce illusion, là encore?

Je considérais ces colonnes de chiffres, un soir, au cercle des officiers, et je me demandais s'il fallait les croire, car je doutais d'elles comme des autres. A côté de moi, du coin de l'œil, un capitaine alsacien, décoré, méditait aussi sur la feuille. C'était une forte poitrine balafrée d'un triple rang de médailles, un beau et solide homme brun qui avait dû avaler, au cours de sa très noble existence, plus de balles tonkinoises que de cerises à l'eau-de-vie. Je lui passai le papier :

— Que vous disent ces deux lignes, mon capitaine? Croyez-vous que leurs chiffres soient exacts?

— Rien de ce qui est écrit d'après les déclarations de nos hommes n'est rigoureusement vrai, pas plus les nationalités que les âges, et les âges pas plus que les professions. Mais il faut une méthode en tout, même dans l'erreur. Précisez.

— Je désirerais savoir si ces chiffres : 197 légionnaires engagés à 18 ans, et 146 à 19 ans, sont imaginés.

— Oui, dit le capitaine. Parmi ces 343 légionnaires de 18 et de 19 ans, il en est qui en ont plus de 20, mais il en est beaucoup, au moins 200, qui n'en ont que 16.

— La limite d'âge, cependant, est à 18 ans.

— Nous contrôlons l'âge qu'ils avouent en regardant leurs bras, leurs reins, leurs yeux. Ils vont s'habiller ensuite, et bonsoir ! Mais je m'y connais en hommes, dit-il en reprenant le papier : parmi ces blagueurs, il en est de fort honorables. Ces jeunes gens de 16 et même de 15 ans, qui assurent en avoir 18 pour entrer plus tôt à la Légion, savez-vous d'où ils viennent, pour la plupart?

— Non.

— Ils arrivent tout droit de nos provinces annexées, nous les appelons en souriant nos *enfants menteurs.*

Je posai ma main sur la feuille, son contact me fut délicieux.

— Voici donc la dernière duperie, pensai-je, mais qu'elle contient de vérités...

Je revis les figures roses du détachement de la veille et d'autres faces imberbes aperçues au hasard des files, quand les compagnies allaient manœuvrer. Hommes de quarante et trente ans, ces jeunes qui mentent à l'avenir rachètent tous vos mensonges au passé. Pour purifier vos vieux cœurs, des petits, là-bas, sortent des chaumines, descendent de leurs sapins d'Alsace et de Lorraine et viennent vous apporter leur air pur. Ceux-là n'ont à cacher qu'une chose exquise : leur jeunesse. Ils font mieux que de venir, ils viennent en avance. La Légion a dit : « On n'est soldat qu'à dix-huit ans. » Ils essaient d'enfler

leur poitrine, ils font la grosse voix pour dire :
« Monsieur, j'en ai bien dix-huit. » Si la vieille
du coin de l'âtre était là, elle crierait : « Il ment!
il en a eu quinze à Noël, ne regardez pas ses
épaules! » En effet, ces nouveaux sont tous des
enfants, et c'est pour cela qu'ils nous sont précieux. Les malades moraux de la Légion leur
doivent un regret furtif ou une larme, à coup sûr
de longues réflexions : plus d'un décérébré, à
leur vue, respira un parfum ancien qu'il avait
cru envolé, plus d'un malheureux, le soir,
regretta sa vie abolie. Je ne sais rien de meilleur que ces mensonges; entre tant d'impures
simulations, cette tromperie finale apparaît plus
belle que la franchise, — et la vieille caserne
dut accueillir ces *enfants menteurs* en tressaillant
toute...

LE LÉGIONNAIRE

LE LÉGIONNAIRE

J'ai montré dans quelles dispositions se présentent les légionnaires. Tout à l'heure, ceux qui arrivent seront immatriculés dans la masse. Le terrible Hospice où l'on soigne l'impuissance par l'aventure, la révolte par le dévouement, la honte par l'héroïsme, et le désespoir final par la mort, accueillera ces malades et leur promettra le remède : agir. Avec cette chair qui s'offre, la machine de combat sera réparée, les pistons et les vis brisés à Madagascar ou au Tonkin, on les reforgera dans les cœurs, le bloc effrité sera sauf, la Légion complète, et un *nous* qui est sa force remplacera les *moi* qui sont sa valeur.

Le « bloc », j'ai dit le vrai mot. Car toutes les

passions qui s'y mêlent créent de toutes pièces
un corps spécial animé d'une personnalité mons-
trueusement vivante et qui a comme chacun de
nous ses vertus, ses vices, ses manies. Après un
séjour à Bel-Abbès et à Saïda, on ne peut plus

dire « les hommes des régiments étrangers »,
mais le *légionnaire*.

A première vue, ce qui le distingue des trou-
piers français, c'est le regard et le pas.

Un regard scintillant de fièvre ou troublé de
ressouvenirs, qu'enclosent des paupières dessé-

chées sous le sel des larmes. Ce sont comme des yeux morts qui voient encore.

Le pas est saccadé. Instructeurs d'une foule

où se rencontraient beaucoup d'hommes des nations du Nord : Allemands, Belges, etc., qui avaient appris la manœuvre en divers pays et dont le saut latin irritait la marche pesante ; les officiers ont laissé au pas son allure cosmopolite.

Sur route il accélère, sur esplanade c'est le pas saxon.

Si l'on avance, on constate leur propreté. Est-elle due à l'exemple flamand? Le légionnaire n'a pas une tache à sa veste; sous le bouton dégrafé le linge luit, et, si l'on écarte la chemise, la chair est blanche. Il a grand soin de ses mains, de ses pieds; il nettoie sa figure avec énergie « comme pour y effacer une chose qu'on ne sait pas ». Est-il aux colonies ou dans le sud oranais, j'apprends que, s'il n'a pas d'eau, il en trouve et la fait jaillir, et l'inventerait au besoin. « Il se dém.... comme il peut », c'est son mot. En garnison, il lave tous les jours et presque toujours. Ses effets de toile, si on les frôle, sont d'une netteté récente, encore humide. Quinze minutes après une marche, il court au bassin, et le séchoir de la caserne, un quart d'heure après, éclate de blancheur mouillée. S'il y avait un lavoir pour âmes...

En s'approchant un peu plus, c'est leur coquetterie qu'on remarque. L'uniforme de la Légion diffère de celui de la Ligne par les franges vertes des épaulettes, et surtout par une large ceinture d'étoffe bleue dont les hommes amincissent leur taille. Autre chic : Flânant par les rues, le soldat desserre son ceinturon et laisse négligemment retomber à gauche le fourreau de sa baïonnette. Autre élégance : Il porte un poignet de cuir où s'encastre une plaque d'identité, en métal, indiquant son nom et son matricule. Plusieurs de ces mystérieuses mains, quand je pus parfois les étreindre, me montrèrent des bracelets ciselés, et, certaine nuit de concert, j'en aperçus un, sous une manche, qui s'ornait d'un profil de femme charmant, exact comme le souvenir.

S'étant arrêté près d'eux, si on demeure, on remarque qu'ils savent à peu près tout faire.

Dans tout détachement de Légion, en campagne ou sur un navire, on peut organiser en quelques minutes une troupe d'opérette ou de comédie : « Mon lieutenant, j'ai été jeune premier au théâtre de la Monnaie, à Bruxelles. » — « J'écrivais des revues », dit un autre. — « Et moi, je suis compositeur », avoue un troisième. Deux jours après, la pièce est versifiée, notée, orchestrée, apprise par vingt hommes, et on la chante dans le Sud, aux flambeaux, la nuit, pour l'étoile et la hyène, ou à l'avant du transatlantique, pour les passagers qui vont au Tonkin.

Leurs camarades se débrouillent. A peine sont-ils embarqués qu'un légionnaire s'embauche à la cuisine, qu'un autre devient ordonnance, et que celui-là est le valet de chambre d'une « première

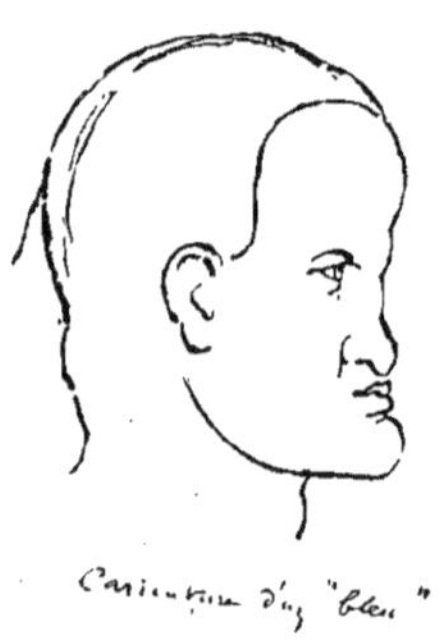

Caricature d'un « bleu »

classe ». Le prix de ces services est défendu par des hommes qui savent la valeur de tout et qu'on ne « met pas dedans ». Du reste, ils fascinent. On voit des quêteurs d'absinthe qui lisent les passions humaines dans les paumes et sur les enveloppes, ou révèlent l'avenir par des tours de cartes. On m'a cité un caporal, Belge, qui enseigna la chimie à un industriel partant pour Hanoï, et un autre, engagé comme Suisse (?), qui peignit un

portrait d'Anglaise accroché aujourd'hui dans un
musée de Londres. Une pièce de cinq francs lan-
cée dans cette masse y réveille de sourdes forces,

dix francs y sèment le sublime, vingt y créent le
génie.

Comment parlent-ils entre eux ?

Quoique étrangers, ils emploient l'argot, mais
sans bassesse. Je ne citerai qu'un exemple : Un
légionnaire badois répondit au lieutenant qui lui
ordonnait d'aller chercher le sergent-major : « *Il
gompde ses gemises.* » (Il a le mal de mer.) Etc...

Leur allure en route ? Ils chantent rarement. Peut-être songent-ils.

Il y a les mystérieux, les tristes, les hautains, les affinés, les brutes. On devine sous leurs tricots des âmes qui pleurent. Des mains tremblent, parfois, des joues pâlissent subitement, et d'anciens beaux fronts qu'effleura le rêve ou le baiser se plissent aux mauvais souvenirs.

En garnison, quelques solitaires, des « assis ». Beaucoup flânent encore deux par deux, révélés l'un à l'autre par une réflexion, un regard. Un homme les croise, les entend parler de Leibniz, de Wagner, de Kant, de Pasteur ; ou bien d'ignobles plaisanteries. Des roses et des crapauds, pêle-mêle, tombent de ces bouches qui parlent bas...

On coudoie de simples légionnaires qui savent cinq ou six langues. Il y en a qui citent le latin, le grec, des poètes. On m'a montré un Autrichien qui écrit toutes les langues slaves.

Ont-ils une foi?

Quelqu'Un de divin habite la Légion ; c'est sans doute le révolté des débuts du monde, l'Ange noir. Lorsqu'un légionnaire meurt, aux colonies, frappé d'une balle ou assommé par la fièvre, un trou est creusé en deux minutes et on l'emplit. Mais il semble à ces gens, dont ce sera peut-être le tour bientôt, que c'est là finir tristement, trop vite. L'officier le devine, fait former le cercle, et un *prêtre* « comme par hasard » ôte son képi et vient dire les prières des morts.

Ils ignorent le patriotisme.

Accourus de leurs patries vers la nôtre, ils ne peuvent être patriotes. Mais d'avoir choisi la Légion, cela n'implique-t-il pas un farouche élan vers la France ? En se « mariant » avec nous, ce ne sont ni des avantages ni des honneurs qu'ils épousent, mais nos querelles et nos luttes. Français par alliance, ce n'est point le berceau qui les fit nos compatriotes, mais le lit. Cela vaut plus.

Ce sentiment national qui exalte les hommes de toutes les patries, leur « esprit de corps » en tient lieu. Un simple appel les redresse : « Souvenez-vous que vous êtes légionnaires ! » Et les officiers leur montrent le drapeau *étranger* où le mot Patrie est remplacé par le mot Valeur.

La qualité de ce sentiment paraîtra médiocre à certains. Mais que ceux-là songent que le mot

Valeur précipita dans le seul espace de six mois, juin-décembre 1898, mil huit cent quarante volontaires étrangers de tous les âges, de toutes les classes et de tous les degrés intellectuels, qui s'offrirent ensemble à mourir pour augmenter nos colonies! Aux idéologues, je préfèrerai toujours les poètes : En de beaux vers frissonnants qu'il adresse « à ses soldats morts », M. de Borelli exhorte les femmes françaises à donner un souvenir ému à ces étrangers, car chaque fois qu'un d'entre eux succombe, dit-il aux mères, « cette mort vous épargne un deuil ».

Admirons donc ces hommes qu'un *mot* entraîne. Lorsque s'approche un départ, les officiers font « le jeu de l'Expédition ». Un avis circule : *N'iront à Madagascar, au Tonkin, que les hommes non punis de prison, d'une moralité exemplaire, etc.* — La plupart, dès lors, n'osent quitter la caserne, dans la crainte d'aller boire en ville, les bouteilles disparaissent, les mauvaises têtes s'assagissent, aucune punition; et tout cela manœuvre au geste et au sifflet, sec, net : le quartier semble une boîte de soldats vernis.

Eh bien, puisqu'ils sont autre chose que des militaires de repos, des tourlourous de ville, ils devraient tous être où ils voudraient être : là où on se bat. Rappelons-nous le 200ᵉ régiment qui traversa Paris un matin et qu'on ne revit plus. Au lieu d'envoyer ceux-là, que ne les a-t-on remplacés par des légionnaires! Ces hommes

dont leurs officiers disent qu'ils sont « insupportables en garnison, mais qu'ils donnent au feu plus qu'on ne leur demande », on n'en devrait plus rencontrer dans les infâmes « crans » ou « casse-croûtes » de Bel-Abbès et de Saïda.

Je me suis mêlé à eux dans les rues, dans les cafés, sur les promenades : ce qu'ils demandent, c'est qu'on les envoie en bien plus grand nombre aux colonies. On ne les emploie pas encore assez

5.

dans le sud, et cependant qu'y ont-ils fait déjà?
Des merveilles. Si la guerre cultive leurs vertus,
la garnison soigne leurs vices. Ces gens qu'on
épargne, on les étouffe. Ces soldats qui bazarde-
raient tout pour boire : leur planche à pain, leurs
médailles, jusqu'à leurs morceaux de peau ta-
touée, ne sont point des « marqueurs de pas » de
caserne, et ils n'y peuvent vivre sans scandale
que par l'indulgence sévère des officiers qui pu-
nissent peu, mais très fortement et tout à coup.
Il faudrait que ces hommes d'action aillent et
galopent. Il faudrait guérir au vent pur, il faudrait reteindre au soleil leurs souvenirs noirs.
Il faudrait... Mais tout ce qu'il faudrait, l'État
l'oublie.

Voilà l'homme de la Légion, tel que je l'ai vu.
Il a de son sang dans la terre de tous les pays et
sa part de gloire sur tous les drapeaux. La
valeur des deux régiments, plus intense, est en
qualité celle de l'homme, elle n'a d'arrêt que
l'impossible. Une note morale achève ce
tableau :

— Il y a *dix* hommes tarés par compagnie de légionnaires, assurent les jeunes lieutenants.

— *Cinq*, corrigent les vieux.

Le pour-cent de nos « redingotes » est moins flatteur.

LE CAFARD

LE CAFARD

La Légion étrangère a un vice : l'alcoolisme, et trois maladies : le paludisme, la syphilis et le cafard.

Les deux premières maladies ont une même cause : le séjour dans le climat et avec les femmes des colonies.

Le dernier de ces trois maux, « le cafard », est directement le produit de l'alcoolisme, unique vice d'une multitude qui ne compte pas moins de dix à quatorze mille hommes. On va voir que, si ce vice est dangereux, la maladie qui en résulte est d'autant plus grave.

Le légionnaire de garnison, pour un franc, peut se faire servir sur la table *dix bouteilles de vin*, et pour cinquante centimes *dix absinthes*. Ces trop nombreux « casse-croûtes » qu'on pourrait s urnommer aussi des « casse-cœurs » ont presque toujours eu, comme patrons, d'avides Espagnols

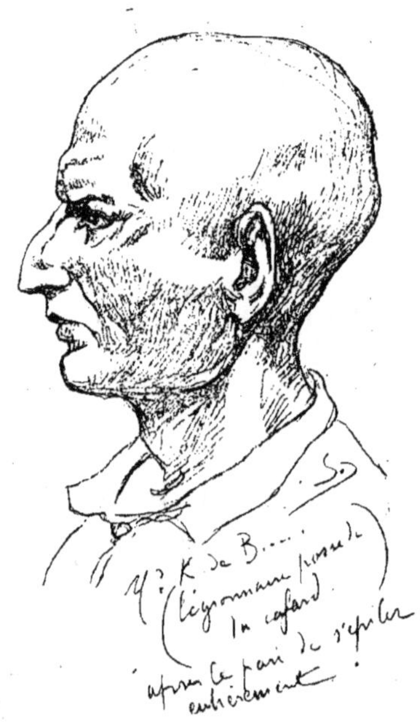

qui spéculent sans remords sur le misérable sou du légionnaire. Chaque goutte que l'homme y boit est une année prise sur son existence. Il le sait. Et peut-être, de le savoir, boit-il plus encore.

A peine a-t-il bu que l'ivresse arrive. Les idées s'échauffent et se désordonnent, l'éclair de la volonté s'arrête sur la glace des yeux, et s'y refroidit. Le soldat compare son ivresse à un petit insecte échappé qui grignote de ses mandibules sa cervelle molle.

Je garde cette image qui me fait mieux voir

l'inconscience, et me fait toucher la victime. L'homme a raison, il n'est pas seul criminel; car les fumées de l'absinthe, en pourrissant son cerveau, y génèrent un champignon dont la croûte, en se fendillant, laisse s'évader le vrai coupable : le *cafard*.

A peine échappé, le cafard s'engage dans la matière cérébrale, y traîne ses pattes fines, s'assoupit dans une fissure, trotte, rampe, furette, et corrompt ainsi tout l'entendement. Pour le légionnaire, « avoir le cafard », c'est être sous le coup d'une idée fixe et maligne, absurde le plus souvent. Quelques traits fixeront cette maladie.

Le tiers de l'effectif, soit 4000 hommes sur 12000, est troublé par ce minuscule voyageur. Qu'il se pose à cet endroit du cerveau, c'est une facétie qu'il suggère, là c'est l'érotisme, ailleurs c'est la révolte, plus haut c'est la désertion, et ici c'est le vol. L'insecte est redoutable.

Lorsqu'il l'entend gratter dans l'intérieur de sa tête, d'une tempe à l'autre, sans bruit, l'homme de la Légion repousse son verre vide, sort en titubant du « casse-croûtes » et va colleter un Espagnol dans la nuit. Alors, gare...

Ou bien il s'enfonce dans le quartier nègre, jette sa ceinture bleue dans une patte arabe, et demande cinq francs. On lui offre vingt sous, car on sait qu'il acceptera. Il les prend et va boire encore. D'autres les vendent pour huit sous. Résultat : conseil de guerre. On voit des Espagnols, à Bel-Abbès et à Saïda, parés de ceintures qui coûtèrent six mois de prison.

Le trafic s'étend aux baïonnettes. Le cafard a soif, et l'absinthe coûte si peu. Pour vingt sous, l'homme se désarme. Au retour, l'officier le met en cellule. « C'est vrai, mon capitaine, j'ai tort, *je pouvais en demander quinze francs.* »

Le cafard est non seulement ivrogne, il est amoureux : il dicte une élégie ou pousse au viol. Il allume l'œil du légionnaire et frise sa moustache. Il cogne le crâne pour demander du parfum. Il sait les ruses. Il connaît les portes secrètes. Il est lubrique et curieux. On m'a fait voir un homme qui s'était vêtu en mauresque pour entrer sous une tente arabe.

Le cafard est artiste : il tatoue. Je publie la photographie d'un légionnaire où se voit, peinte au pointillé, sur le thorax, une femme étendue et nue qui semble écarter de la main quelque rêve trop amoureux, tandis que trois amours, l'aile ouverte, s'amusent de sa confusion ; et c'est intitulé : *le Réveil de Vénus.* Un autre homme s'est déshabillé devant moi, et j'ai pu suivre, en tournant autour de son corps, les divers incidents d'une impressionnante chasse au renard : une meute de soixante chiens spiralait ses jambes, sautait sur ses bras, cernait son cou, dégringolait sur sa poitrine avec les piqueurs à cheval escortés d'un carrosse de dames, gravissait les fesses et redescendait au galop vers la tannière innommable, d'où ne pointait à peine, du renard engouffré déjà, qu'un rigide et imperceptible bout de queue bleue. Chef-d'œuvre!

Le cafard est simulateur : En plein sud oranais, deux Autrichiens qui passaient pour nuls et savaient à peine parler français abandonnent leur campement, la nuit, et s'enfoncent dans les solitudes du « bled ». Comme ils traversaient la frontière, les gendarmes les pincent, et l'on trouve dans leurs musettes, avec de bonnes cartes, tout un portefeuille de renseignements sur le Maroc. Interrogés, ils avouent que leur « cafard voulait voyager ». « Nous sommes d'ex-officiers autrichiens », ajoutent-ils. Ces messieurs, actuellement, blanchissent les murs de la caserne. Et, tant qu'on ne les enverra pas *se battre*, ils recommenceront.

Le cafard est intéressé : J'ai vu la barbe à

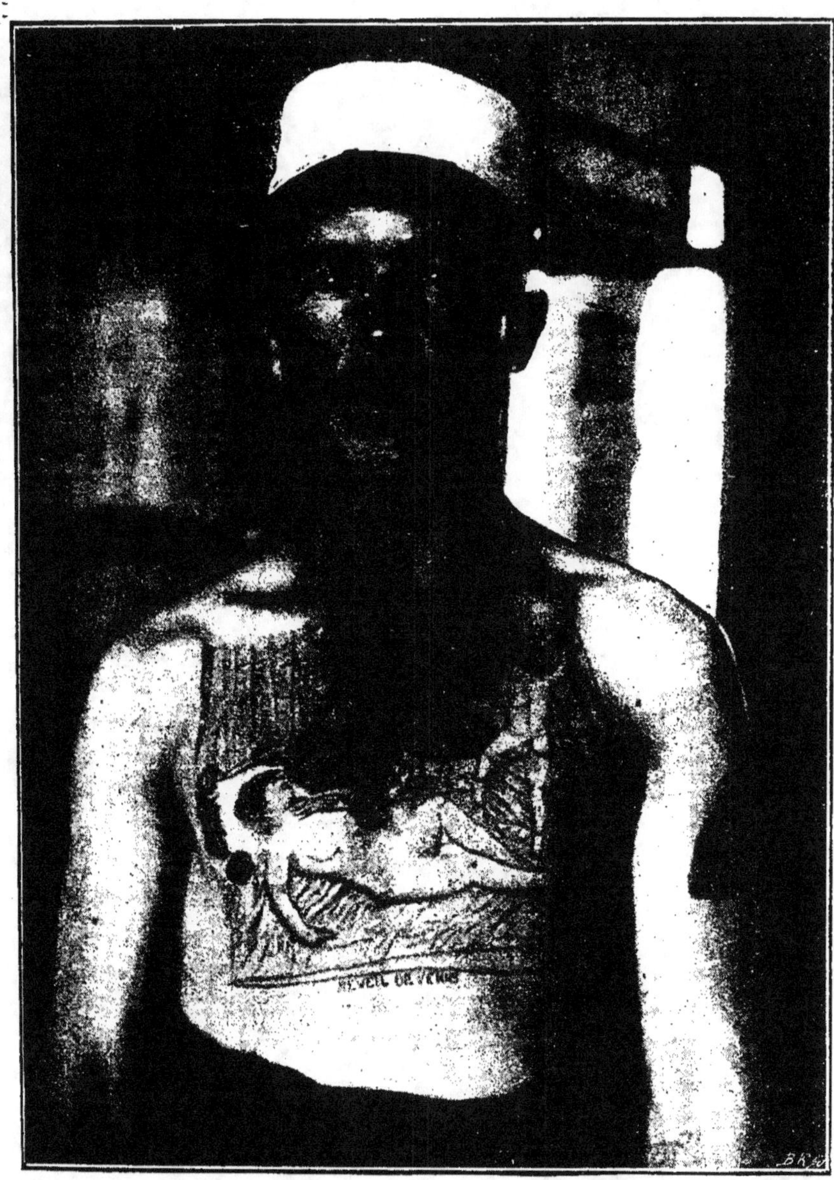

6.

deux pointes d'un vieux tambour allemand qui fit
un congé en France, vers 1875, s'en alla servir en
Allemagne, où il prit son deuxième congé, revint

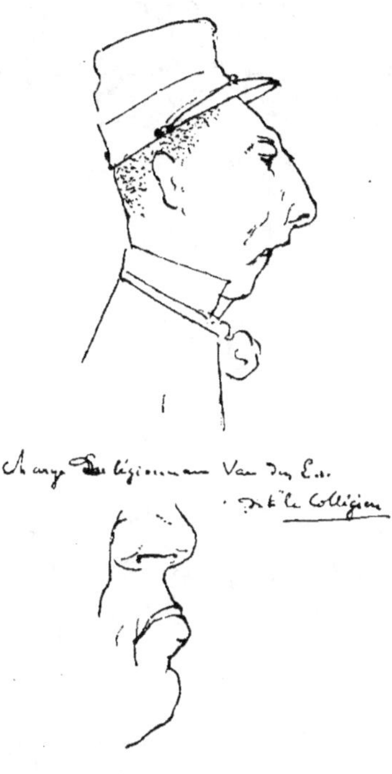

en accomplir un autre à la Légion, et retourna
en Prusse pour gagner le troisième. On le revit
enfin à Bel-Abbès d'où il va sortir pensionné.
Certificat : quinze ans de France, quinze ans
d'Allemagne, six congés, six retraites, et des faits

d'armes. Argent français ou argent allemand, honnêteté ici, honnêteté là, bravoure partout. Que vaut le reste?

Le cafard est distrait : Il y a au 2ᶜ régiment un certain vieux légionnaire qui fit le Mexique dans les guérillas, et qui ne se souvient plus, lorsqu'on

l'interroge, s'il fit cette campagne *avec* ou *contre* nous.

Le cafard est grincheux : P..., ex-capitaine d'artillerie de marine, décoré, engagé à la Légion en 1895, et nommé caporal (3ᶜ Bᵒⁿ, 18ᵉ Cⁱᵉ) ne voulut jamais porter sa croix étant d' « ordinaire ». Trente-cinq ans, colossale voix, grand et gros; il buvait d'un trait trois litres de vin en cruche. Farouche, il appelait la viande avariée « de la barbaque ». Quand les vivres ne lui plaisaient pas, il les refusait véhémentement : « Non ! criait-il aux officiers, ce n'est pas assez *chouette* pour

mon escouade ! » Cet homme en colère fut réformé comme sourd. Quinze ans de service, dont trois

de Légion : sept cents francs de retraite, plus deux cent cinquante francs pour sa croix. Un type.

Le cafard est capricieux : S'apercevant qu'un grand nombre de ces étrangers ignoraient le français, un protestant (c'est toujours un pasteur et jamais un prêtre qui prend ces sortes d'initiatives) demanda au colonel de lui envoyer tous ses illettrés. Débuts édifiants : une vingtaine d'hommes, assis sous la lampe, épelaient gentiment les lettres. Mais, un soir qu'il était en retard, les élèves déménagèrent le mobilier du pasteur et le vendirent. On a renoncé depuis à ce genre d'école.

Le cafard est coquet : Deux légionnaires, un Prussien et un Belge, s'évadent de Bel-Abbès pour aller dans le Maroc, y font une absence illégale de huit jours, et rentrent un matin à la caserne, déguisés tous deux en Gardes françaises. Quand on raconte cette histoire dans les chambrées, personne n'est triste.

Leur travail vaut une description. Obligés de se cacher le jour et de marcher la nuit, las de tant d'heures inactives, ils avaient conçu le projet d'agrémenter leurs frusques, et de rentrer au quartier en bel uniforme. Une touffe d'alfa, un creux de roc, furent leur retraite et leur atelier. Là, sans autre ciseau que le tranchant d'une baïonnette, ils avaient arrangé en pointe la vi-

sière de leur coiffure, coupé leur capote en habit
« à ventre de brochet » et ces morceaux de drap
inutile leur avaient fourni des guêtres bleues.
Leur pantalon avait eu le même sort, ils l'avaient
retourné pour ne laisser voir que la doublure
blanche, puis coupé aux genoux, et les gaines
inférieures leur avaient donné des bandes de
5 centimètres pour les revers et parements rouges
destinés à leurs « basques à la Soubise ». Dans
un dernier lambeau de capote, ils avaient coupé
des bandes bleues pour leur culotte blanche, laquelle, prise dans les guêtres, achevait l'illusion
martiale. Seuls au milieu de la caserne, un peu
étonnés par le tapage, ils semblaient revenir de
Fontenoy. On leur montra la cellule, ils y allèrent sereinement.

Le cafard est héroïque : Un légionnaire portant
la soupe à un homme puni trouve le prisonnier
raide sur sa planche, et la gamelle vide. Il le
secoue. Aucune réponse. Il pose la gamelle pleine,
et s'en va. Le lendemain, un autre légionnaire
arrive, appelle l'homme, le secoue encore, lui
pince la chair, s'effraie, pose la soupe, et remporte
la gamelle vide. Ainsi pendant trois jours. Même

rigidité, même gamelle vide : un mort qui mange.
Inquiétude. On va chercher le médecin. Il entre,
parle, raisonne, injurie : rien ne bronche. Est-ce

de la catalepsie ? Non, puisque les gamelles sont
toujours *vides*. C'est un légionnaire qui a le cafard, un blagueur. « Bien ! menace le major, qu'on
aille chercher le thermo-cautère. » Le cadavre
ne palpite pas. L'infirmier entre. Avant de com-

mencer, on bat le patient comme un édredon plein de puces. « Je vais te piquer! » Pas le moindre mouvement. La petite langue de feu touche la peau, danse sur le corps, la chair grésille, la prison sent déjà mauvais. Immobilité persistante. Le major pique les nerfs du talon :

rien ne bouge. Alors, furieux, il fait un signe. L'infirmier s'en va, revient. Une douche glacée inonde le « mort » qui ressuscite en criant : « Ah! m....! » Car ce stoïque avait tout prévu, les bourrades et les pointes de feu, sauf le bain.

Ces délires de la fantaisie provoqués par l'alcoolisme, c'est-à-dire par le travail sourd du « cafard ». j'en pourrais citer des milliers. Et des réponses à enthousiasmer Aristophane : « Coquin, quel est ce nouveau motif de punition : a uriné la nuit dans la bouche de son supérieur qui dormait. » — « Mon capitaine, *c'était pour ne pas salir le casernement.* » (Authentique.) Et cet autre légionnaire, au Tonkin, traité à l'hôpital pour paludisme, qui s'habille en médecin, s'échappe, va visiter le fort Brière de l'Isle, et « fourre un savon numéro un à l'officier chef de poste qui l'a reçu *trop froidement* ». Le public, ému à la fin, espère que ces délits sont jugés par les officiers légionnaires qui, seuls, connaissent le fond de ces consciences et peuvent intervenir paternellement. Il n'en est rien.

Ces « crimes » militaires sont jugés à Oran par un Conseil d'artilleurs, d'officiers de ligne ou de houzards, qui ne savent rien de ces hommes, et les jugent comme ils jugeraient un paysan des environs de Tours. On sera de mon avis que, pour siéger à ce Conseil de guerre, il faudrait avoir élevé le cafard en boîte ou en porter un en breloque. Il faut avoir vu, il faut avoir écouté : il faut connaître.

Cette troupe ayant un effectif de brigade de douze mille hommes devrait donc avoir un Conseil de guerre à elle, un *Conseil de Légion* exclusivement composé de légionnaires officiers. On y appliquerait des peines parfois plus énergiques, souvent moins sévères, toujours plus justes. C'est pour cela que la Légion entière demande la mise à l'étude d'un nouveau Règlement de Discipline.

La première réforme urgente, de l'avis de tous, serait de rétablir à la Légion l'ancien système de la « masse individuelle ». Intéressés à faire durer leurs effets *pour toucher la prime d'entretien*, les hommes n'iraient plus en ville vendre leurs ceintures ou leurs baïonnettes, et ne passeraient plus au Conseil pour un vol de quatre ou cinq francs qu'ils regrettent dès que le cafard est « tapi ».

Mais rien n'est perdu. Ce cafard qui fait tant de ravages et excite une partie de cette multitude à la folie, au vol ou à la révolte, cet insecte, on peut espérer le tuer. L'opinion générale, à Bel-Abbès et à Saïda, préconise un remède unique. Et voici le vœu de ces douze mille hommes.

Traitement du cafard.

Tout, même les mauvais traitements : les colonies et leurs fièvres, leurs balles, leurs coups de
lance, leur grand air, leur soif, leur faim, leurs
fatigues, leur désespoir, mais leur liberté.

Tout cela, oui, — sauf la caserne, sauf ce
monotone repos des cages qui fait mourir les
tigres d'ennui.

LES OFFICIERS

LES OFFICIERS

Lorsqu'on regarde passer les officiers de la Légion étrangère, ce qui frappe tout d'abord, c'est le nombre des croix : il y a vingt-quatre lieutenants décorés dans les deux régiments, tous pour campagnes et faits de guerre.

Ce qu'on remarque ensuite, c'est l'âge de quelques-uns d'entre eux. En France, tous les lieutenants et sous-lieutenants ont de vingt-deux à trente-cinq ans. J'ai vu à la Légion de jeunes sous-lieutenants de vingt et un ans, à côté de lieutenants de quarante-cinq et même cinquante ans.

Il y a un lieutenant de quarante-sept ans qui fit un premier congé, sortit comme sous-officier, se rengagea comme sous-lieutenant de réserve à la période de la conquête du Tonkin, et fut nommé, après deux ans de stage, sous-lieutenant au titre étranger. Cet exemple n'est pas le seul. D'autres interruptions dans le service, qui varient de cinq à dix ans, expliquent de tels écarts d'âge entre les officiers de la Légion et ceux des autres corps.

A voir ces têtes grises à côté des jeunes, à s'approcher d'elles et à les entendre, on a l'impression d'un « cadre » spécial. Et, en effet :

Qu'il sorte de Saint-Cyr ou de Saint-Maixent dans les premiers numéros, qu'il monte du rang par la force de sa volonté travailleuse, ou qu'il vienne, civil que nous désenchantâmes, du cadre de réserve pour prendre du service dans le cadre actif, l'officier légionnaire, en entrant au corps, subit une déformation mystérieuse. En face de ces douze mille hommes qui le regardent, de ces sept ou huit mille intelligences qui l'observent, il se hausse et se simplifie. Ce qui est l'artificiel de son noble état : le plastronnement et le chic, cela se dégage, tombe comme la poussière d'un vêtement. A peine a-t-il fait un pas dans les compagnies, entendu cette foule et compris ces hommes, qu'il devient, je ne dirai pas plus qu'un officier, mais un personnage multiple qui tient à la fois du juge, du médecin, de l'administrateur et de l'ami : le voilà qui devient avant tout l'*homme-maître*.

En quelques jours, la vie lui est révélée, la vie totale. Quoique tout jeune, à peine entré là, il va commander au vice et à la vertu, et il va les faire marcher ensemble. Pour l'obtenir, il apprend très vite que les codes sont impuissants, mais la nécessité lui enseigne d'autres ressources.

Il va dans les chambrées, interroge, pèse, classe, juge en dernier ressort. Il le faut, sous peine de voir fuir d'entre ses mains fermées les âmes dont il a charge. Il sait que la plus forte chaîne pour lier les gens simples est la parole, et il a une façon à lui de parler.

Mesureur exact, il dispense le *tu*, le *vous*. Après quelques années de Légion, ces mots sont un art : ils enchantent les bons, corrodent les mauvais, redressent les veules. L'officier, pour les dire, a le clavier des intonations. Le geste, l'œil, selon l'homme et selon le cas, précisent la nuance ou l'atténuent. Ce n'est pas le « toi » machinal de l'officier bon garçon, c'est la familiarité d'un ami plus haut, supérieur ; ce n'est pas le « vous » glacial et indifférent, ni le nom commun de la foule : du capitaine au subordonné, cela devient une politesse « d'homme à homme », c'est l'exquise déférence de celui qui pourrait n'en pas avoir, s'il le voulait, et qui cependant la témoigne.

Ce cadre d'officiers, quand on l'a vu, semble faire un « corps » qui se meut sous l'action de l'intelligence, de la justice, de la discipline et du courage. Je le dessinerai dans cet ordre.

L'absence de tout rallye et le calme de leurs garnisons en ont fait des hommes de pensée. Dans ce cloître, pour tirer sa substance d'elle-même, l'énergie se décuple, et, pour en trouver la dépense, l'esprit se plonge dans les matériaux du travail. Beaucoup de ces officiers ont une instruction qui les dépasse.

Le commandant V..., barbe béarnaise, œil bleu, grand nez distingué, avait sous ses ordres, au Tonkin, un Tchèque mystérieux, très brave, et excellent botaniste. Comme le légionnaire ignorait le français, tous deux, pour se comprendre, avaient adopté ce langage :

« Eò redii, dux, quo certabamus armis heri vesperi, plantamque aliam inveni.

— Ostende.... Revera venustissima est. Quomodo nominatur?

— Gynocardia odorata.

— Diligentissime eam tene.... Age vero, centurioni dic aliquid esse quod ei præcipere velim in posterum diem; manè sine dubio pugnandum erit. »

Le commandant, comme le Tchèque, avait fait de fortes études.

Tous ne valent point ce latiniste. Mais d'être moins instruits restent-ils plus ignorants? Au contraire. Une modestie qui se sait vaut une vaste science. Et je ne connais rien de plus hautement admirable que ces officiers réunis en groupe, le soir, chez l'un d'entre eux, « pour assister aux leçons d'un *caporal* légionnaire, ex-colonel du génie autrichien ».

De pareils hommes sont prêts à tout concevoir, c'est-à-dire à tout pardonner. S'ils ne le font pas, c'est pour l'ordonnance de la masse que maintiennent des lois sévères et générales. Mais qu'un cas isolé, hors de contagion, s'offre à eux, ils y appliquent un sens humain, très sûr. J'ai parlé de l'alcoolisme de la Légion. L'ivrognerie solitaire, moins dangereuse, n'est pas rigoureusement punie « car elle n'empêche pas la valeur ». Un légionnaire pochard passe, la nuit, devant le cercle, au moment où les officiers en sortent. L'homme voit luire des galons, s'arrête, essaie de rectifier sa pose et salue en chancelant. L'officier salue à son tour, se hâte, — et sourit.

Mais voici le meilleur exemple :

Un capitaine de la Légion, ex-fourrier de la Garde blessé au Bourget en 1870, grand, maigre, blond, bivouaque aux environs de S... avec sa compagnie. Ce jour-là, on avait fait quelques propositions pour le grade de caporal. L'état est signé et le sergent-major le recopie, « mais en y ajoutant quelques noms ». Le capitaine l'apprend, fait entrer le sergent-major dans sa case : « Je ne veux pas, lui dit-il, qualifier l'acte que vous avez commis en abusant de ma signature; vous avez trompé ma confiance, je saurai désormais à quoi m'en tenir sur votre compte;

allez. » Le sous-officier recule, blême, et va boire un plein quart d'anisette d'Espagne. Ivresse frénétique, empoisonnement instantané. Fou, il saisit son revolver chargé, galope dans le camp, et crie : « Où est le capitaine? Il faut que je le tue! » Le bruit fait sortir l'officier. Trois hommes accourent : « Le sergent-major est ivre, il a son revolver, il veut vous tuer, il le fera; rentrez! » Le capitaine les écarte, s'approche du furieux, et, très calme : « Vous voulez me tuer, paraît-il; eh bien, vous allez regagner votre gourbi, et, pour vous montrer que je ne vous crains pas, *je passe devant*, vous me tuerez par derrière, si vous en avez le courage. » Ils vont tous deux, l'un suivant l'autre. Terreur dans le camp. Une fois arrivé : « Posez là votre revolver. » Le sergent-major obéit. L'officier retire les cartouches. « Maintenant, ajoute-t-il, comme il ne faut pas que les légionnaires vous voient dans ce déplorable état, reposez-vous *dans ma case.* » — « Le sergent-major va passer au Conseil de guerre », disaient les hommes, le lendemain. Du tout. Le sergent-major avait fait ses preuves de bravoure, et le capitaine pardonna. (*Extraits d'une lettre de M. B..., commandant d'infanterie.*)

En campagne, au feu, l'ivrognerie se traite autrement. Dans un petit poste avancé, un homme qui avait trop bu rompt tout à coup le silence. Ses camarades sautent sur lui, l'homme hurle. Le lieutenant arrive, est menacé. Il veut faire entendre au légionnaire qu'il met le poste en danger; le soldat n'entend rien et crie plus fort. L'officier ordonne d'aller l'attacher à un bambou, près de l'étang « où le tigre vient boire »; les cris redoublent. On le bâillonne aussitôt, on l'entraîne, l'officier disparaît aussi. Les camarades rentrent. Une heure s'écoule. La bête vient. Mais le lieutenant, *qui était là*, détache l'homme, lui remet, sans rien dire, un second fusil. A eux deux, ils tuent le tigre. Et l'ivrogne, à jamais guéri, se voit proposé pour le grade de premier soldat.

A son art de la répression, fait de touches et d'enquêtes subtiles, se reconnaît l'officier. Il existe dans ces masses profondes, répandu par des hommes — presque tous Allemands — qui vinrent de quelque prison civile ou militaire, un vice secret, heureusement rare, qui réclame

des chefs une connaissance indulgente des aber-
rations de la chair. Si le nouvel officier ne connaît des hommes que la critique des livres, il
aura le frisson du désenchantement, mais s'il est
ancien et les apprécie mieux, il ne sera plus que
pitoyable.

Cela se passait il n'y a pas longtemps. On avait
besoin d'égaliser les sections. Tout à coup, un
homme se présente devant l'officier : « Je demande à ne pas changer d'escouade. — Pourquoi? — Je veux rester avec mon ami. — Son
nom? — Kl... » Silence entre les deux hommes.
« Alors, quoi, insiste l'officier, tu as absolument besoin d'être sous la même tente que lui? » .
Froid, net : « Oui, mon lieutenant. »

Je demandai plus tard à l'officier :

— Y a-t-il un remède?

— Hors de la garnison, oui, les colonies et le
feu : agir.

— Et qu'avez-vous fait de cet homme?

— Je l'ai oublié.

— Et....

— Ne parlons plus de ce *malheureux*, voulez-
vous?

C'était la sagesse, je le compris.

Les hommes de notre temps dont les forces déspécialisées se perdent en rêveries n'ont aucune idée du ramassement moral de ces militaires, dû à leur très court horizon. Leur vie est bornée à leur service, ce service l'est à ce que peut atteindre leur bras, et où se bute leur bras leur pensée s'arrête. Ils n'ont que des ambitions d'obéissance.

On ne parle jamais de la masse des sous-lieutenants, lieutenants et capitaines; elle émeut par son activité et son silence. Ces taciturnes souffrent-ils comme nous qui crions tant? Plus. S'ils frémissent de lire nos blasphèmes, ils courbent aussi le front d'entendre acclamer la patrie. Naguère, on n'acclamait pas ce qu'on adorait.

Ils se taisent non seulement des lèvres, mais si leur pensée se révolte ils la font taire à son tour. Ils sont des muets qui agissent, le contraire de ce que nous sommes.

Le geste de l'un d'eux me revient à la mémoire. Je buvais avec le lieutenant B... qui fut longtemps à la tête d'une compagnie de discipline de

la Légion étrangère, lorsqu'un vendeur de journaux déposa sur notre table de brasserie un
prospectus électoral. « Parlez-vous de la politique
entre collègues? » demandai-je indiscrètement.
Il fut étonné, se pencha sur le prospectus qui
était signé d'un nom de candidat et avait pour

Un poste au Tonkin.

titre : *Dernière manœuvre!* « Je n'en connais
qu'une » dit-il froidement. Et son doigt fit tomber le papier.

Citer les actes de courage des officiers de la
Légion, ce serait reprendre les beaux *Historiques*
de MM. le général Grisot et Roger de Beauvoir,

8.

Camerone de Mgr l'Aumônier de Saint-Cyr, les *Mémoires d'un chef de partisans* du commandant Grandin, *Souvenirs et campagnes* du général de la Motterouge, *Généraux et soldats d'Afrique* du capitaine Blanc, *Au pays des Étapes* de des Écorres, l'*Histoire de l'insurrection dans le Sud algérien* du colonel Trumelet, *le Sud oranais* du capitaine Armengaud, etc. Aux récits de ces divers ouvrages j'ajouterai une autre anecdote, toute brûlante encore, qu'on me raconta au Cercle de la Légion ; elle précise une qualité de bravoure, mélange de valeur et de simplesse, qui fait songer à l'héroïsme d'expérience des militaires bourgeois du premier Empire :

Le gigantesque major X... et sa femme, accompagnés par quinze légionnaires, descendaient en pirogue un fleuve du Tonkin. C'était le soir. L'officier fumait une cigarette et causait : « Te rappelles-tu, chère amie, cette pièce des Variétés où Brasseur... » lorsque tout à coup, des deux rives, le feu éclate, des plombs soufflettent l'eau, percent un soldat. « ...Les Annamites », dit le grand major. Il se dresse. Debout, il a l'air d'un mât. Puis, tranquillement, de la voix d'un homme

qui prend son café : « Sept hommes à droite,
sept à gauche. Pagayeurs, activez. Vous autres,
les légionnaires, à genoux; ne tirez qu'au commandement. Suzanne, étends-toi au fond de la
pirogue. Rang de gauche, *joue, feu!* Aucune pré-
cipitation. Parfait. N'aie pas peur, Suzanne. Rang

Le Colonel du 1ᵉʳ Étranger.

de droite, *joue, feu!* Chère amie, couche-toi entre
les caisses d'armes. Rang de gauche, *joue, feu!*
Pourquoi pleures-tu? il n'y a pas le moindre
danger. Pagayeurs, du nerf. Rang de droite,
joue.... Non, cessez le feu. Déchargez vos armes,
les Annamites sont loin. Quels sont les blessés?
Approche, toi. Un trou dans l'épaule; ma phar-

macie, chère amie. » Et le gigantesque major se rassied, toujours aussi calme, rallume sa cigarette et déplie sa trousse. (Conté par deux témoins.)

Presque tous les officiers firent de ces merveilles, et les jeunes qui attendent leur « tour de manche » rêvent impatiemment de les imiter. On ne s'étonnera plus que de pareils chefs soient maîtres chez eux. La Légion les aime parce qu'elle les admire; parce qu'elle les admire, elle les suit. Et un officier me disait qu'au moment du feu les hommes se pressaient en si grand nombre pour le protéger « que ses regards ne tombaient jamais à terre ».

SON CHANT ET SA PLAINTE

SON CHANT ET SA PLAINTE

Un bataillon qui revient d'Aïn-Sefra campe dans une plaine, à 25 kilomètres de Bel-Abbès. Je vais le voir. Dernier jour sous la tente ; les légionnaires fredonnent. Tout vit. C'est l'heure furetière. Ils sont là depuis vingt minutes, et déjà les tentes sont hautes, les faisceaux alignés, les bêtes aux piquets et les gamelles sur le feu. D'infimes fumées grises volettent de chaque soupe. De ce ronron sortent des mots graves, plus nets, rauques : une dispute d'Allemands, quelque blasphème italien ; et le même murmure, toujours discret, passe sur ces éclats, les fond. Des hommes causent. Le lieutenant S... m'en désigne un qui retourne des biftecks avec sa fourchette : « Le baron de V... Joueur, perdit à la roulette 3 millions. » Plus loin : « M. de L..., ex-sous-officier de cuirassiers. » Nous rôdons. Je remarque que les fusils sont liés par les pontets, et les faisceaux l'un à l'autre. En levant les yeux, j'aperçois un buste nu trempé d'eau, une tête fine qui s'ébroue dans des serviettes agitées ; c'est le commandant. Une odeur nous attire : « Voici, dit un officier, Kirtchner, un Alsacien que ses camarades appellent *le sirdar*. « Hé! sirdar, que fais-tu cuire là? » Deux yeux dans du poil nous regardent : « Côtelettes d'agneau à la sauvage. » — « Regardez, chuchote le lieutenant, un groupe de Bavarois et de Prussiens.... » Un blond, à côté de nous, lit un roman de d'Annunzio. J'ai l'impression, en marchant, d'une petite Europe tumultueuse, blottie, serrée, raccourcie, chassée par le malheur de ses frontières, et qui serait venue prendre asile sur un coin français. Nous rejoignons le commandant qui nous offre à boire.

— Oui, répond-il à ma question, la plupart de mes étrangers sont du Nord.

— D'autres sont plus guerriers, ajoute un

capitaine, mais ces Allemands sont meilleurs soldats.

— Et une note morale excellente.

— Grâce à l'entraînement.

— Alors, ils ne demandent qu'à marcher?

— Ils ne demandent que cela.

— Qu'est-ce qui les entraîne le mieux?

— Leur passé, peut-être, qui remonte, les pousse.

L'officier souriant leva la main :

— Et aussi cela....

Un cri de conquête nous arrivait en sourdine, nous nous levâmes.

— Allons entendre « la clique », dit le commandant.

Les clairons, fifres et tambours, appelés *la clique* par l'armée française, et par les Allemands *le jeu* (*das spiel*) se rapprochaient de nous, et emplissaient l'azur de tapage. Ils défilèrent au pas, dans une ivresse de bruit où se cadençaient les coups sourds et lourds des tambours, la vipérine fureur des fifres et le jet strident des clairons, puis s'éloignèrent, voix décroissantes, comme une horde chemine.

— Ils aiment particulièrement ce tumulte, dit un officier. Comprenez-moi bien : c'est l'appel qu'ils ne peuvent pousser dans les rangs. Il semble, tant ils aiment suivre leurs clairons, leurs tambours, leurs fifres, que ce soit justement cette « clique » qui vocifère pour eux. C'est leur façon de demander à partir et à se battre ; ils y mettent, comme vous l'avez vu, toute leur rage et tout leur souffle. Nous devinons cette fureur, nous autres, mais qu'y faire ? Un quart de vin, bast ! ce n'est pas cela qu'ils veulent. Tenez, ils vont repasser ; vous allez entendre, non leurs airs de marche, mais leur voix.

La *clique* ayant fait demi-tour sur le chemin s'acheminait vers nous. Soudain, les clairons se levèrent, comme des baguettes d'or, et harmonisés au bourdon des caisses, les fifres soufflèrent une chanson. Tout de suite, frissonnant, j'en reconnus l'air, comme la voix d'un ancien ami, et cet air m'envoyait les vieilles paroles. J'avais, tout petit, criaillé cela dans les faubourgs, après 1870. La troupe s'approchait, battante et sonnante. Elle allait passer ; elle passait. Et je la vis défiler

à quatre pouces de ma poitrine, tandis que la
fifrerie avouait ces brèves paroles, comme une
dérision :

*Vous-n'aurez pas l'Alsa-ce et la Lorraine — Et-
malgré vous... etc.*

Et presque tous ces légionnaires étaient *Allemands.* Nous nous regardâmes. Les officiers
souriaient.

— Qui leur apprit cet air? demandai-je.

— Ils l'ont adopté en ignorant ce qu'il signifie;
la plupart ne savent pas le français. Ils ne connaissent que les paroles de l'air de marche de la
Légion : le *Boudin.*

Un sergent qui nous écoutait fredonna :

> Tiens, voilà du boudin,
> Voilà du boudin,
> Voilà du boudin,
> Pour les Alsaciens, les Suisses et les Lorrains.
> Pour les Belges, il n'y en a plus. Etc....

— Il y a aussi des chants allemands, très typiques : celui des *Deux Grenadiers,* par exemple,

car ils adorent sans le connaître le grand Napo-lium (Napolioum). Il y en a également d'autres, plus naïfs. Le lieutenant G... vous les donnera.

L'officier, sur-le-champ, fit la traduction : *Yuch' hei vas sah ich*, etc....

1ᵉʳ COUPLET

Youck haï! que vois-je briller — aux clairs rayons du soleil? — Ce sont les braves legionare (légion-naires mis pour tirailleurs : *schützen*). Ils passent sur le Rhin. — Trou ri alla! Nous sommes les gais legio-nare! Trou ri alla! Haï! Nous sommes gais, oui!

2ᵉ COUPLET

Le drapeau est au milieu. — Il fait de gais batte-ments. — Et nous marchons bien. — Comme si c'était à la parade. *Refrain.*

3ᵉ COUPLET

Le capitaine est en tête. — Il chevauche son bon cheval. — Et nous, braves legionare, — nous suivons son épée. *Refrain.*

4ᵉ COUPLET

Quand nous sommes au bivouac, — sous les clairs

rayons de la lune, — nous chantons pour notre plaisir — une gaie petite chanson. *Refrain* : Trou ri alla! Haï! Nous sommes gais! Oui!

— Elle se chante en marche, sur un mode scandé, avec des répétitions de phrases musicales terminées par un air de danse, lent. Et celle-ci : *Ah diè Welt ist schou*, etc...

Ah! la vie est belle!
Il faut seulement savoir la comprendre.
Tra la la la la la la la la la la la!

— Une qu'ils affectionnent entre toutes est celle qu'ils appellent la *Chanson des Pionniers*. Elle est populaire en Allemagne. Libérés de la vie de caserne, nos hommes la chantent aux colonies : elle leur rappelle la chambrée, le ragoût, la place d'exercices, des tableaux de paix qu'ils revoient avec bonheur... par contraste. Je l'ai entendue au Tonkin et au Dahomey, ils la lancent au feu avec une joie sauvage.

(1)

Le matin au lever du jour, youpaïdi! youpaïda! — On fait d'abord le café, youpaïdi! youpaïda! Et on va

9.

d'un pas énergique. — Vers la place d'exercices. Youpaïdi! youpaïda! tra ra la la! *Refrain.*

(2)

L'exercice avec le fusil, youpaïdi! youpaïda! — Est un jeu pour le legionare, youpaïdi! youpaïda! — La flexion des genoux et l'assouplissement des chevilles — réjouit la vie du soldat. Youpaïdi! youpaïda! tra ra la la! *Refrain.*

(3)

Notre lieutenant est bon aussi, youpaïdi! youpaïda! — quand il monte sa Lisette, youpaïdi! youpaïda! — Mais quel spectacle lorsqu'il doit aller à pied! Youpaïdi! youpaïda! tra ra la la! *Refrain* : Youpaïdi! Youpaïdi! aïda! Raou! Raou! Raou! Ah! a! a! a! a! Youpaïdi! Youpaïdi! aïda! »

J'arrête ces citations. Il existe vingt autres chants, dont quelques-uns plus guerriers, où le cri jaillit en coup de gong, s'énerve et grince comme un froissement de cymbales. Ils ont le même caractère : le couplet caresse; c'est toujours un sentiment simple, naïf, noté en trois mots. Puis le refrain s'évade, s'arrache du couplet comme une bande d'oiseaux féroces. A les voir et à les entendre, au loin, sur une route, on a l'impression d'enfants qui fredonnent, jouent, s'impatientent, et puis finissent par torturer des chats.

Mais la grande « voix » de la Légion étrangère est son orchestre d'instruments à cordes. Dans la salle du cercle des officiers, à Bel-Abbès, j'ai vécu trois soirs inoubliables, bercé de Beethoven à Flotow, dans un délicieux hamac de cordes à violon. Mes nerfs lassés prolongeront en moi, pour jamais, les souvenirs de cette étonnante musique, clameur de la Légion tout entière, plainte impersonnelle d'une foule silencieuse qui n'a que cette voix pour gémir. Car, seulement là, j'entendis sans le comprendre le Secret qui plane sur ces régiments. Une terreur me prit au premier geste des archets : qu'allais-je entendre ? Il me semblait que ce que n'avaient osé dire les bouches, les violons l'allaient révéler, malgré tout.... Je ne me rappelle plus l'air que l'orchestre joua d'abord. Il me semble que c'était un voluptueux motif de Massenet « aux cordes seules », avec sourdines ; mais à peine eut-il préludé qu'une énorme passion y soupira, comme si les portes d'un four enflammé, lentes, s'entr'ouvraient sur mon froid visage. Un râle qui monte indique sans l'exprimer un sinistre : ce n'étaient plus les appels rauques, les *raou! raou! ah! a! a! a! youpaïdi! aïda!* des gens qui s'élancent dans la fumée rouge des batailles; c'était, exhalée de la douloureuse poitrine des violoncelles, des exquis violons aux minces fibres, du gosier sanglotant des flûtes, de la bouche des cornets nerveux et des hautbois ingénus, l'harmonieuse revanche contre le silence, la honte, le secret gardé; c'était l'amertume et la joie des souvenirs de la vie, c'était la caresse à des choses anciennes, le *Dies iræ* du passé, du présent, de l'avenir, tout l'irréparable désastre des passions humaines avoué en musique par cent vingt hommes qui en représentaient quatorze mille. Dans le délire des sons, mes pensées volaient sur ces têtes, transfigurées, je le compris, par l'indicible bonheur de clamer leurs rêves et leurs désespoirs, d'en charger les ailes de l'harmonie, confondue en houle, sans craindre aucun confident. La musique est un peu comme l'idée de Dieu, elle se prête à tout. J'a-

perçus des visages, d'abord consternés, qui
s'éclairaient de lumières, des yeux qui renais-
saient soudain! Le premier violoncelle, un Belge,
ex-professeur de billard (?), semblait lutter et se

M. Salomez, chef de musique.

tordre le long de son instrument. Je me rappelle-
rai toujours ce simiesque artiste, — laid? beau?
les deux ensemble, — qui babouinait d'ivresse et
pressait son grand violoncelle comme une femme.
Les regards du deuxième violon, homme doux,

barbu, à binocle, braisillaient de majestueux éclairs. Je vis des lèvres crispées qui répétaient tout bas des serments et des anathèmes. Au souffle de la musique, au choc des notes, les voiles qui recouvraient ces cœurs tombaient. Un peu plus encore d'exaltation, et du nuage harmonique des paroles allaient jaillir, les secrets éclater.... Mais l'hymne s'apaisait, basse, comme un orage qui tombe, égrène le sable, le lèche, s'y pose, y dort. Le frémissement religieux de cette musique exécutée avec l'art le plus simple et l'intelligence la plus passionnée s'éteignit peu à peu dans nos oreilles attentives, et, quand les archets se baissèrent, nous nous levâmes. Après avoir entendu la veille le *Chant* de la Légion, je venais ce soir-là d'en comprendre la *Plainte.*

Un brillant compositeur, M. Salomez, conduit ces violons célèbres aussi habilement qu'Éole mène les brises. Sur ces cent vingt exécutants, il en est au moins trente qui sont merveilleux, de toutes patries et de toutes qualités d'âme. Mon trop court séjour à Bel-Abbès ne me permit pas d'entendre le premier violon ; il était en cellule. Je le regrette, car il passe pour incomparable. Cette musique sibylline est précieuse pour le régiment, c'est la guichetière de son ciel, et ses archets, plus d'une fois, entr'ouvrirent aux désespérés les portes du Pardon. Peu de gens connaissent ces enchanteurs, qui devraient se faire applaudir à côté de la musique de la Garde. Mais, à défaut des publics de Lamoureux et de Colonne, un geste du Génie signa leur gloire autrefois. On raconte que Saint-Saëns, pressé comme il est toujours, s'arrêta une seconde sur le quai du vieux port d'Oran et murmura : « La Légion étrangère... son orchestre.... »

Il allait obliquer. Mais d'autres rêves, sans doute, par delà les mers, conviaient l'illustre voyageur, et il monta sur le bateau.

N'importe. Cette hésitation est un hommage.

LES AVENTURIERS

LES AVENTURIERS

La force de la Légion est son esprit d'aventures.

On remarque dans ces régiments deux sortes d'hommes qui se firent soldats par goût des grandes entreprises. La caserne démolit leurs rêves, et ces aventuriers se classent finalement en deux groupes : les résignés et les déçus. Voici d'abord les premiers :

Ces « raccourcis » de condottiere sont en général des gens simples qui n'ont recherché dans l'action que ce qui en est l'apparence : le mouvement. Faut-il partir ? ils s'en vont. Faut-il demeurer ? ils restent. Leurs jambes et leurs poings sont de fortes machines qu'on emploie indifféremment, au feu ou à l'exercice. Ce sont presque tous des petits grades, des manches humbles. Ils vont, viennent, bondissent, ricanent, chantent, bataillent dans un carré de trente mètres, et épuisent ainsi leur gavroche démon intérieur. Si le danger leur est égal, la vie de caserne ne leur déplaît pas. Propres à tout, contents de tout. Note : Ces débrouillards ont des scies minuscules dans leurs souliers.

On devine que ce n'est point cela que le plus grand nombre vint chercher. A côté de ces « remueurs » sont les « agissants », les victimes d'un rêve inquiet, les intellectuels de l'Aventure. Ils comptent de nombreux officiers en France (capitaines de cuirassiers, lieutenants de chasseurs à pied, etc.), soldats de toutes armes accourus pour cacher quelque ancienne erreur. La mort en réhabilite quelques-uns, et ceux qu'elle épargne, s'ils eurent une parfaite conduite, s'en vont sergents.

Près de ces Français qui piétinèrent de belles promesses et dont le plus grand nombre sort des lycées de l'État ou des Écoles militaires, on voit des officiers étrangers, en dérive sous la débâcle du destin, gens de haute culture, mais de conscience gâchée, inscrits dans ces régiments pour se refaire une âme. Il en est qui la retrouvent, à force de patience, dans cette ombre claustrale de l'anonymat, ou à force d'héroïsme, aux colonies, salutairement retrempée dans ce bain de flamme. D'après un état récent, les hommes que cet énergique remède guérit le mieux sont des Autrichiens. Viennent ensuite quelques Allemands, quelques Russes, puis les Suisses, les Belges. Les officiers italiens, aux ressorts usés, ne se redressent qu'imparfaitement; encore y en a-t-il fort peu. Le reste garde la boue.

Ce sont là les deux classes — fruste et intellectuelle — qui composent le groupe des aventuriers proprement dits. Mais rien ne vaut que par les exemples :

Munch, blessé au feu en 1893, décoré de la médaille militaire, médaillé du Tonkin, chevalier du dragon de l'Annam, retourna dans ses foyers, en Prusse, lorsque ses cinq ans de service à la Légion furent terminés. (Il sert aujourd'hui dans le 139ᵉ régiment des Grenadiers saxons.) L'ordonnance de l'officier qui me renseigna connut

Munch, et tous deux s'écrivent encore, en style un peu spiralé, d'attendrissantes lettres amicales. J'ai su par le légionnaire que Munch, par ordre de ses chefs allemands, portait ses décorations françaises non seulement aux parades, mais en ville. Le Saxon raconte que, chaque fois qu'il « entre à la taverne avec sa médaille militaire française, les sous-officiers prussiens *la* saluent ».

Un caporal clairon fit la campagne du Mexique. Mauvaise tête, il fut cassé, fut renommé ensuite caporal clairon. Autre faute : on le cassa encore. Une troisième fois on le renomma caporal clairon, et une dernière fois il se fit casser. En 1893, il balayait la cour du quartier, âgé de cinquante-cinq ans, joyeux et goguenard. Un autre a fait un congé en Belgique, et dit volontiers, en suçant un brûlot juteux : « J'ai servi Léopold. J'ai été aux Indes. Aujourd'hui, je sers la République française à la Légion. » Et il faut voir son sourire...

Trois médaillés militaires aiment le vin. Mais dès qu'ils en ont bu, ils tombent; chaque fois qu'ils tombent, c'est dans les bras d'un sergent, et, chaque fois qu'ils rentrent à la caserne, c'est pour aller en cellule. Ils ont fait ce contrat : Le total des trois semestres, pour les trois médaillés, étant de 150 francs, le soir où on les paie, ils entrent chez l'adjudant de semaine, lui remettent 100 francs sur les 150, « avec prière de garder leurs trois médailles jusqu'au temps où la noce sera finie ». Ensuite ils s'en vont, roulent, boivent, hurlent, godaillent et rigodaillent, et viennent un dimanche matin, parés, facés, astiqués, réclamer la deuxième part de 50 francs. L'adjudant la donne. La bordée recommence, formidable, dans chaque « cran » et dans chaque bouibouis. Ils barbottent sur des mares de vin à deux sous le kilo. On les ramène, la peau recroquevillée, les yeux blancs. Puis ils sortent de cellule et retournent vers leur trésorier, raides dans leurs capotes, graves. L'adjudant sourit. Que faire? Refuser? C'est leur dû qu'ils demandent. « Mon adjudant, pensez-vous! Nous allons peler une saucisse, et goûter ça de vin. » Allons, parfait. Les derniers 50 francs sont remis, et les trois hommes s'en vont, sérieux comme des demoiselles qui regardent leurs pieds. A peine sont-ils dans la rue qu'ils envahissent les casse-croûtes.

Absinthe, clameurs, disputes et batailles. Le lendemain, même vie. La semaine suivante les voit, mâcheurs d'étoupe altérés, faire les quatre cents coups du diable dans les rues du noir quartier nègre. Leur dernière pièce avalée, on les rentre, durs comme des pieux, les dents serrées, l'œil en boule. La prison les dégrise, et le dimanche suivant je les aperçois, désabusés et distraits, assis devant le kiosque, un peu raisins, un peu figues, essayant d'écouter Mozart en tournant leurs pouces. Mais, cette fois, *ils ont leurs médailles.*

J'ai parlé des simples, voici les intelligents :

Un ex-Saint-Cyrien. ex-sous-lieutenant d'infanterie de marine — malheureux? coupable? — engagé à la Légion, promu caporal, puis sergent, et nommé secrétaire du colonel Z..., s'ennuie de copier toujours les mêmes états et d'envoyer chaque matin les mêmes rapports à la brigade. Il faut se défier de l'ennui des aventuriers : s'ils ont de l'immense devant eux, ils émerveillent, quatre pieds d'horizon les tue. Un jour que le colonel gardait la chambre, son secrétaire s'introduit chez lui, se déshabille, endosse l'uniforme aux cinq galons, boutonne, brosse, tapote, s'arrête près d'une glace, déplie son papier, en sort une patte de lapin, du rouge, du blanc, du noir, vieillit sa nuque, cerne son nez de parenthèses, poche ses yeux, groume, grimace, tique, tousse, hem! fronce le front, scande une marche du bout de sa botte, ploie les jarrets, les tend, hem! hum! hum! écarte les coudes, sourit, allume un londrès et sort. Il passe devant la caserne. Bruit : on présente les armes. Arrivé rue de Mascara, il accoste un jeune sergent qui passait : « Où allez-vous? — Au quartier, mon colonel. — Vous aurez quatre jours de consigne, la garance de votre pantalon est trop claire. » Le sergent stupéfait s'éloigne. C'est le soir. On ne voit du colonel que sa silhouette, ses cinq galons d'or, et sa nuque blanche. Il tire le képi aux dames, mais ce sont des « dames » du beuglant. Il pince la taille à une bonne : « Finissez, monsieur », qui rit, confuse et charmée, et se retourne en fuyant. Il traverse des groupes de légionnaires qui s'écartent, le souffle arrêté, la main haute.... Bon enfant, il leur passe sous le nez le papillon fou de sa cravache : « Salut, mes garçons! Hem! la soupe était-elle bonne, ce matin? — Voix étouffées : « Oui, mon colonel. — Vous n'êtes pas difficiles, n... d... D...! » Il erre dans les rues pendant une heure. Comme il a soif, il entre au concert espagnol, et il est perdu. Trente soldats qui sont là épars se dressent, saluent, se rassoient. Le propriétaire a l'air gêné. Le colonel s'installe au fond du café, à gauche. Malheureusement, s'il a des galons, il n'a pas de porte-monnaie. « Du vin, dit-il. Hem! hem! donnez-moi une bouteille à vingt-cinq centimes. » Il boit, entouré de méfiance. Au troisième verre, un peu ivre, il prend un légionnaire au collet, l'invite. Une femme décolletée chante, il l'accompagne. Deux adjudants qui se sont levés le regardent. Il se baisse, dit au soldat : « Ch! laissons sortir *les huiles.* » Ce mot le dénonce. Au cinquième verre, le colonel, qui ne voit plus rien, hurle avec la chanteuse : « Pan! jubilo, pan pan, le gobinois! » On se jette sur lui : « Ça n'est que son scribe! » dit un caporal. Quatre sous-officiers l'entraînent en riant à la caserne et le déshabillent dans la prison, tandis que, sur sa figure brouillée, le noir, le rouge et le vin bleu, s'entremêlent dans une affreuse bouillie de

« gobinois », de « pan pan » et de « gobinettes ».

Le vrai colonel, apprenant cela, se dresse et guérit.

Un autre exemple d'aventurier, victime de la morale « moyenne », est ce L... L..., 41 ans, impériale blanche, un peu ivrogne, voûté, fatigué, pas fier, qui s'engagea en 1877, passa par Saint-Maixent, fut nommé sous-lieutenant en 1882, vint commander au Bat' d'Af', et s'y fit réformer en 1888. Il partit ensuite pour le Chili, en 1889, servit comme lieutenant d'infanterie dans l'armée insurgée, de 1890 à 1892, fut blessé au combat de Sommo-Santos, et emmené comme prisonnier de guerre. S'évada, revint en France. Se rengagea en 1893 à la Légion, pour avoir une retraite et un dernier morceau de gloire ; fit le Tonkin « glorieusement, monsieur, avec honneur et vaillance », me disait l'Alsacien Simon, qui l'avait connu. « Et entendez-vous qu'est-ce que moi je vous dis : comme premier soldat, je commandais son escouade, et je lui ai dit un jour : « Vous, « vous êtes un ancien officier, je vous respecte ; « vous êtes exempt de corvée, vous n'irez qu'au « feu. » Ce L... L... revint des colonies, passa caporal, se fit casser à Bel-Abbès pour outrage envers un supérieur, et s'en alla le 17 décembre 1898. A cette énergie instruite, mais ratée, il ne manqua qu'un horizon.

De même pour le marquis de B..., ex-capitaine d'artillerie, engagé finalement, après quel désastre intérieur? comme légionnaire de 2ᵉ classe au 2ᵉ régiment étranger en 1894. Décoré. Ivrogne. A un fils quelque part, superbe officier, et ce souvenir ne le corrige pas. Lorsque le vieux légionnaire a trop bu, et qu'il passe la porte de la prison, le caporal de garde l'entend dire : « Ah! si le *lieutenant* me voyait! » Et respectueux, quoique paternel, il salue vaguement.

Enfin, voici le véritable aventurier, le poulain fougueux mal à l'aise entre nos brancards et qui crève de ne porter que de la farine au moulin; voici le fils de l'amiral X... qui s'engage dans l'infanterie de marine, bondit par-dessus les grades, est nommé officier au milieu des balles de Song-Tai. Cerveau flambé. Obtient sa démission peu de temps après sa rentrée en France, pour éviter la mise en réforme. Civil vêtu de noir, brouillé avec sa famille, muselé, lié, enflammé toujours d'énergie, notre ronron l'énerve, l'indigne, et il croit se calmer en se rengageant à Saïda, comme légionnaire de 2ᵉ classe. Les premiers jours le grisent. Le bois de son fusil, sa baïonnette, tout ce qu'il touche brûle. Son cœur fait triple dépense. Mais lancé à ce train, il butte : soixante jours de coffre. Pendant ce temps, grâce à ses services antérieurs et aux démarches de sa famille, il est renommé sous-lieutenant « au titre étranger ». Le caporal qui va l'en instruire remarque que la médaille militaire du nouveau lieutenant est pendue par un clou sur la porte de la prison, à *l'extérieur*. Il entre, annonce au légionnaire de 2ᵉ classe qu'il est officier, et que le colonel le demande. Une. fois dans le couloir, le caporal montre la médaille, s'étonne : « Eh! quoi, répond le prisonnier, *était-elle punie?* » Le sous-lieutenant est reçu, le même jour, en musique, devant le régiment et son drapeau. Dès le lendemain, les cendres s'envolent, et un feu se rallume au cœur du soldat : il regalope au Tonkin, s'y fait taillader le visage, et rentre en Afrique après son temps colonial. Mais rien n'est usé dans cette étonnante machine : les nerfs, les tendons trépident, les veines bouillonnent. Il abuse, surabuse de tout, tire sur la chaîne sociale, la rompt, démissionne encore, pâle d'une soif de pays non vus, de mystère, entreprend un voyage comme pour se lasser d'être las, et vomit enfin son âme énergique en rentrant en France.

Nous sommes coupables de ne point utiliser ces ardeurs, elles profiteraient au pays. Les écarts de ces inquiets ont presque toujours une cause noble; leur mal vient d'un élan vers l'aventure, et l'aventure n'est-ce pas l'action dans la foi? Et puis, que nous importe leurs fautes! Ce ne sont que des fautes de « repos ». La caserne réclame de certains hommes de petites vertus impossibles; l'immoralité dont je viens de donner des exemples prouve que ces soldats, en paix, ne vivent point sur leur terrain familier : il leur faut un autre soleil, une vie diverse, une âme libre, et des dangers pour éprouver leur valeur. Cette valeur guerrière a son « double » qu'on pourrait employer autre part qu'au feu : Si l'esprit colonial fait de si lents progrès parmi nous, c'est que le travailleur de France, homme d'un ciel tem-

péré, craint la fièvre, la peste, et redoute, latin,
l'invincible ennemi qu'il ne peut combattre;
mais ces hommes, éprouvés par le virus et im-
patients de fatigues, pourraient être d'extraordinaires pionniers, ils purifieraient le sol et nous
appelleraient aux semailles.

LES AVENTURIERS DÉÇUS

LES AVENTURIERS DÉÇUS

Après les aventuriers proprement dits, après
ceux qui s'accommodent de tout, du terrain
d'exercices comme du champ de bataille, il y
a les aventuriers *déçus*.

Ils forment le groupe des passionnés : ils sont
la Soif et la Faim, la soif de voir, la faim d'agir,
la soif et la faim perpétuelles, jamais désaltérée,
jamais désaffamée ; ils deviennent la Jalousie silencieuse ou la Révolte qui clame : ce sont nos
plus belles et nos plus touchantes victimes.

Un riche fermier d'Oran laisse sa fortune
sous deux coups de cartes, et s'engage à la
Légion. La gloire qu'on va lui offrir remplacera-
t-elle l'argent qu'il vient de perdre ? Cette âme

noyée qui grelotte, il lui faut du *feu* pour la guérir. On le lui accorde, mais c'en est un autre : il est actuellement cuisinier. Voilà une force déçue.

Le caporal secrétaire du lieutenant armurier, brun, barbe en pointe, ex-sous-officier très instruit, remarquable dans l'action, déserte *six fois pour six femmes*. Lorsque ce don Juan quittait la prison et sortait en ville, une jupe pincée trop bas le grisait. Ensorcelée, la femme fuyait. Elle et le soldat vivaient bientôt l'un près de l'autre. L'enchantement rompu, il rentrait, passait en cellule, en sortait, voyait une autre femme, et tout recommençait : la faute, puis l'expiation de la faute. Mais on eût montré à cet amoureux la femme aux seins forts « qui porte la palme et l'épée », que n'eût-il point fait, ce violent, et jusqu'où n'eût-il point bondi !

Trois jeunes officiers d'ambassade quittent la Russie dans l'espoir d'émietter les remords d'un crime à tous les orages de l'aventure. Ils s'engagent à la Légion, on les met devant une gamelle. Ils savent leur métier de soldat, et on le leur fait recommencer : c'est le règlement. Ils sont riches, ils s'impatientent et se désolent. Un jour, ils reçoivent des lettres de leurs familles et désertent. Ces trois forces nous manquent.

Et il nous en manque d'autres, chaque jour, qui succombent ou se tuent elles-mêmes. Il nous manque la froide énergie de ce légionnaire italien, héros vaincu d'Adouah, qui s'ouvre les veines dans sa cellule, *avec un tranchant de sa médaille*, parce qu'il préfère la mort à l'inaction.

Un autre type de déçu, c'est l'anarchiste Van B..., expulsé de Hollande : tête étroite, en pain de sucre, chauve, longue barbe, œil vif, noir, brillant. Puni de prison, il est commandé pour une corvée : « Le travail est dû par l'homme libre, dit-il à son capitaine ; du moment que je suis puni de prison, je ne suis plus homme libre, et je ne dois pas travailler. » Refus d'obéissance : Conseil de guerre. Un officier bon garçon plaide la folie et le sauve. On le ramène. Van B... entre dans la caserne sur un entrechat. Il y a en magasin, outre des effets « neufs », des effets « bons », c'est-à-dire encore en usage ; on lui en donne, il les refuse. L'officier lui explique qu'on procède avec lui comme avec les meilleurs soldats, qu'on épuise les effets bons avant les neufs, et que ces effets neufs, du reste, sont répartis entre tous les hommes, lorsque le moment est opportun. — « Ta! ta! ta! fait le Hollandais, je suis acquitté, donc je suis innocent, donc je dois avoir des effets neufs. » L'officier lui inflige une punition, mais sans colère. Le colonel se dit que puisqu'on a plaidé la démence pour une première faute, il convient, avant de le punir, de le mettre en observation. Rentier de l'infirmerie, Van B..., que chacun croit fou, arrange sa vie, veille à ses besoins, soigne sa personne, pique, lèche, buvaille dans tous les coins. Cet homme qui passe pour idiot sait fort bien dire : « J'ai droit à ça; l'homme libre, etc.... » Les infirmiers sont sur les dents; il les harcèle, les tance, les fait courir, et, s'ils ne se pressent pas, il les appelle « les Carabiniers de la Crotte! » Bloffés par ce sang-froid, ils obéissent au *fou*. Mais cela prend fin. Au lieu de l'insensé se dévoile l'homme déçu par la garnison, une sorte de comédien superbe, un type admirable de dominateur. Ramené à Bel-Abbès pour purger sa punition, il essaie sa vieille tirade : « Le travail n'est dû, etc., etc.... » Cette fois, on en a assez. Conseil de guerre : un an de prison. Il tresse à présent des savates d'alfa, et se souvient, non sans rire, qu'il amusa douze mille hommes pendant un mois avec ses blagues sur l'*homme libre*. Je demande au public si celui-là est coupable.

La nécessité d'employer ces ferments divers, d'ennoblir ces passions en leur indiquant un but, s'expliquera mieux par l'histoire de cet ingénieur, ancien élève de l'École Polytechnique belge, grand, mince, hagard, engagé légionnaire et presque aussitôt dirigé, pour inconduite, à la section de discipline. Mauvais œil, comme une lampe à venin. Son plaisir est de dégrader l'âme de ses compagnons de cellule. Il est la floraison puante de l'Immobilité. Et ce Vautrin de cellule pour Rastignacs légionnaires est plutôt à plaindre, car c'est aussi une victime, un déçu.

Un homme mélancolique : trente et un ans, longue et mince moustache blonde, œil bleu, carruré large et haute, attend sur la banquette d'un ministère qu'on veuille bien le recevoir. Il est l'inventeur d'un canon « qui pourrait faire sauter, dit-il, les plus gros et les plus solides cuirassés ». Son impatience, au bout d'un mois, devient frénétique; il bat des marches sur les parquets, volte, contre-volte, rogne et grogne, et assaille les garçons de bureau. Enfin les portes s'ouvrent. On lui propose, paraît-il, une somme qu'il trouve insuffisante. Il part sans laisser d'adresse, reprend ses vêtements de légionnaire à Marseille et rentre à Bel-Abbès, où il était porté déserteur. Cellule. Le colonel apprend sa démarche, et, une fois la punition accomplie, abouche son légionnaire avec les autorités compétentes. Un officier délégué arrive. Les deux hommes discutent, ne s'entendent pas. L'inventeur, lassé, demande un emploi à la cuisine; et, depuis 1895, cet ex-officier de la marine allemande sale les soupes de son bataillon. Déçu!

Un garçon de bonne mine, très petit, mais intelligent et alerte, s'engage à la Légion. Le capitaine de sa compagnie l'interroge, et le soldat lui avoue qu'étant lieutenant de bersagliers « il a détourné de ses devoirs la femme d'un prince de Florence ». Voilà son histoire : « Ses camarades du cadre lui demandent un jour sa parole qu'il

cessera de voir sa maîtresse, car le mari sait
la faute, et ce déshonneur, pensent-ils, atteint le
corps entier des bersagliers. Il la donne. Mais
l'amour triomphe; il oublie son serment. Mis
aux arrêts par le colonel, il garde la chambre
en attendant la convocation d'un conseil. Là,
seul, il voit ses amis humiliés; il déserte alors
et vient à la Légion. » A ce point du récit, le
capitaine qui l'interroge essaie d'obtenir de
l'ex-officier certains renseignements sur la mo-
bilisation des troupes italiennes, « les points
de concentration », par exemple. Le bersaglier
sourit tristement : « Non, non, mon capitaine,
c'est assez d'avoir trahi ma parole. » Le Français
salue l'Italien. Mais on devine le soldat frappé.
Qu'est-il venu chercher à la Légion? L'oubli
dans l'aventure. Il n'y a pas d'aventure, il ne
peut y avoir d'oubli. Un mal de langueur le jette
à l'hôpital. Son capitaine l'y trouve en larmes,
car le bersaglier vient de recevoir une lettre
de sa famille lui apprenant que sa désertion
« est affichée à la porte de son domicile ». Au
bout d'un an, il reçoit d'Italie un pardon des
siens et de l'argent. Il déserte; actuellement

il fait du commerce à Londres. Encore un déçu !

Grand, osseux, tête de Kalmouck à lunettes, gestes saccadés, taciturne, frère d'un riche négociant d'Odessa, un Polonais qui a servi cinq ans dans l'infanterie autrichienne se rengage dans la cavalerie, passe sous-officier dans son pays, commet une faute grave, fuit, erre, souffre, s'arrête à Bruxelles, y cherche du travail, n'y peut vivre, se repent de sa faute et se prépare à la mort. Entre son dernier soupir et l'avant-dernier, il entend qu'on voudrait des hommes pour Panama. Il se dresse, s'embauche et s'embarque, débarque et travaille, peine et monte, devient contre-maître, est boulé par le mal, se raidit, insiste, lutte, s'enfièvre, agonise encore, et se voit obligé de retourner en Afrique pour soigner son grelottement. Remèdes et promenades mangent ses économies. Le combat recommence : il quitte son paletot et se met à casser le caillou sur la route de Biskra-Bathna. A la fin, méprisant, il jette le marteau, cogne à la Trappe de Staouéli. Émoi des religieux à la vue de cet homme étrange, à la face bossée, creusée, qui regarde fixement, d'un air fort et doux, et tend la main....

Les robes s'écartent, et ce malheur vivant, sans rien dire, pénètre dans ce tombeau de vivants. Il y reste six mois, comme c'est la coutume pour tout étranger sans travail qui a besoin d'un abri. « Engagez-vous à la Légion », disent les moines. L'homme murmure un adieu, s'engage à Bel-Abbès, et entre au peloton des élèves caporaux, âgé de trente-six ans. « Homme hors ligne », disent les officiers. Allure générale : mélancolie, silence, énergie. Numéro 1 du peloton. Caporal à Bel-Abbès, va au Tonkin, marche au combat en homme sérieux. Est désigné par tous pour être sergent-gérant d'annexe (fonctions analogues à celles d'officier d'administration des subsistances); et rentre enfin à Bel-Abbès. Trop vieux, il est libéré, part avec les éloges du colonel Audéoud, hésite, promène sa réflexion désabusée autour de lui, songe à la Trappe, y retourne un soir, et les moines, le reconnaissant, lui donnent les fonds nécessaires pour installer un commerce. Déçu, il renonce à l'aventure, prend une femme et s'alourdit d'un repos sans bonheur. Nous avons émietté cette force qui pouvait mieux nous servir.

Le vicomte de B... s'engage à la Légion sous

le nom de L..., combat au Tonkin comme s'il était cadet gentilhomme dans la compagnie d'un de ses aïeux, rentre en Algérie, s'y lasse de la garnison qu'il trouve « popote », et se fait libérer. Un long temps se passe. Un jour, le médecin L... avise un mangeur dans le bouillon Duval de la rue Saint-Roch, et l'appelle. Le vicomte se retourne : « C'est vous, docteur! quelle joie! Et comment allez-vous! » Effusions. Le médecin apprend que l'ex-légionnaire était employé dans un magasin d'objets d'art chinois : « Ce n'est pas le Pérou, dit le vicomte, mais j'ai été désappointé par la caserne; la France ne nous *remue* pas assez. »

Le fils d'un membre de l'Institut, gaillard rusé, ex-cotillonneur, légionnaire depuis six mois, s'ennuyant de pivoter sur la même place d'armes, devant quatre négresses et deux badauds espagnols, entre à l'infirmerie, les yeux « faits » et le teint vert pomme : « Monsieur le major, dit-il en ramenant les couvertures, je ne suis pas bien, mon estomac est très fatigué, j'ai tant fait la noce! Je voudrais que vous écriviez sur le registre des consultations : « autorisé à faire usage

« d'eau de Vichy (avec des yeux pâmés), ma
« bonne et bien chère famille m'en enverrait cer-
« tainement. » Le major, absorbé par des cas
plus graves, lui accorde ce qu'il demande, et le
légionnaire, quinze jours après, reçoit une caisse
de bouteilles. Le règlement veut qu'un gradé
assiste à la livraison des envois. L'officier fait
ouvrir la caisse, et, comme il regarde le malade
qu'une pensée intérieure a transfiguré, un soup-
çon lui vient. Il s'approche, décoiffe une première bouteille, et trouve un louis glissé entre
le bouchon et la capsule. Il rit, prend la seconde : un autre louis. Enthousiasme! Les malades se lèvent! On travaille. Cinquante bouteilles : cinquante louis. « Vous devez savoir, dit
l'officier au fiévreux, que les légionnaires ne
touchent pas d'argent; on portera ces cinquante
louis sur votre livret de caisse d'épargne. —
Pincé! clame-t-il; qu'on m'expédie alors aux
colonies! — Ayez de bonnes notes, réplique
le lieutenant, et vous partirez. »

Plaignons ces hommes, car il n'est aucune
mélancolie à leur comparer, car la recherche de

la douleur est insatiable. Hommes déçus parce qu'on les épargna, parce qu'ils ne purent offrir aux destinées l'effusion totale de leurs forces; hommes jaloux des martyrs, quels hommes! Plusieurs milliers d'âmes tumultueuses bouillent à Bel-Abbès et à Saïda, dans deux petits espaces, dans deux chaudières prêtes à éclater, et qui éclateraient si de temps à autre on n'en expulsait la vapeur et les stridents sifflements. Mais moi, qui ai vu, je reviens sur la nécessité de donner l'espace à ces yeux, de renouveler l'air en ces poitrines, de jeter cette ardente masse humaine à l'action. Ou alors, gare aux vices! Et les vices ne se pardonnent que lorsqu'ils sont, comme ceux-là, les incidents des vertus.

LES MYSTÉRIEUX

LES MYSTÉRIEUX

Il me reste à montrer la série la plus drama‑tique de la Légion étrangère, le groupe des hommes secrets, les *Mystérieux*.

Gestes inconscients de l'universelle action, mé‑connus projetés dans l'inconnu, nous sommes, nous aussi, de vivants mystères, mais nous possédons certains signes qui nous font recon‑naître, sinon connaître. Ceux dont je parle les ont supprimés. Plus d'état civil, plus de passé. Ils se présentent un matin, et naissent à la Légion qui les enregistre, les nomme, les vêt, les nourrit, et leur apprend à marcher. Ce sont des nouveau‑nés qui viennent des limbes, le plus souvent de l'enfer.

Ils ont les plus beaux visages. Ils ont ces traits meurtris, déformés si superbement par la douleur. On voudrait donner des motifs tragiques aux froissures rouges de ces yeux, à ces regards qui flambent sous la taie, à ces fronts brouillés, à ces lèvres minces ou molles, à ces secousses, à ces relâchements, à ces spasmes, à ces attitudes de haine, de regret ou de désespoir, et on ne le peut pas, car ils n'ont voulu, ne veulent et ne voudront jamais rien dire de ce qu'ils ont fait là-bas, « derrière la vie ». Têtus et respectueux, lèvres scellées, froids, graves, les mains dans le rang, ils regardent leurs nouveaux chefs d'un air qui signifie : « J'attends que vous me renvoyiez ; contentez-vous de mes brèves réponses ; je n'ai pas d'histoire ; mon nom c'est mon numéro matricule, et je nais seulement aujourd'hui : *j'ai un jour.* »

Ils entrent dans l'escouade désignée, y apprennent de nouveaux gestes, vont, courent, galopent, parlent de tout — excepté d'eux — et finalement se font tuer. On n'en sait, et on n'en saura jamais plus. Mais on devine dans ce mystère un fonds de passions considérable. Curieux de les traduire, même affaiblies, j'ai noté certaines apparences : des tics, le son d'une voix, les lignes d'un visage, un fait. Je prie donc le public d'utiliser ces lambeaux, de terminer lui-même ces histoires, de pousser les portes et de pénétrer, s'il le peut, dans ces âmes d'ombre.

Le lieutenant L..., du 2ᵉ spahis, me disait un soir qu'il avait connu un homme de la Légion étrangère, d'aspect majestueux, solide, aux regards hantés d'éclairs, ayant tout lu, tout compris, brave comme un drapeau, et qui n'avait jamais voulu dire ni son passé, ni son nom. A chacun de ses faits d'armes, on le proposait pour un grade, et à chaque proposition il se refusait à l'enquête. L'officier compta, et me dit : « Cet homme eût donné son nom, il serait maintenant colonel. »

Un beau garçon s'engage en 1893. Énergique soldat, peu liant. Il part au Tonkin, taciturne, s'y dévoue sans cris, rentre à Bel-Abbès, s'en va en 1898, et le hasard apprend à ses chefs qu'il avait été « premier ténor au théâtre de la Monnaie, à Bruxelles ». Ce rossignol avait changé de climat, et, pour ne pas être reconnu, était resté cinq ans silencieux. Où chante-t-il, à cette heure, et *comment*?

Un légionnaire (qui se dit professeur de mathématiques belge) entre dans son escouade et exécute sans une faute tous les mouvements commandés. On le met au peloton des élèves caporaux, il y manœuvre admirablement et ne se trompe jamais. On a l'impression qu'il n'apprend pas, qu'il « recommence ». Il dit à son lieutenant : « J'ai beaucoup de mémoire et je viens d'apprendre cette semaine tous mes livres de théorie, je demande à être exempté du cours. » Le lieutenant l'interroge et constate qu'il est plus « calé » qu'un capitaine instructeur. Il l'exemple. Quelque temps après, un général vient passer la revue à Bel-Abbès, s'arrête devant l'homme, le regarde... puis, au bout d'un silence pâle, effleure sa main et continue l'inspection. Frappé par cette scène muette, le lieutenant B... retourne le nom de l'homme (la dernière lettre mise la première, l'avant-dernière mise la seconde, etc.); le nouveau nom est un nom français. Guidé par l'instinct, il consulte le registre de Saint-Cyr, se lève, va sur les rangs et dit au soldat : « Vous vous appelez M. X... et vous êtes lieutenant; donnez-moi *aussi* votre main. » Le légionnaire baisse la tête, avance non plus une main d'officier, mais une forte patte de manœuvre, déjà durcie et veinée par le flingot et la pelle. Ensuite, tout rentre dans le mystère : l'officier plus discret et le soldat plus honteux.

Très fermé, grand Allemand blond, aux yeux bleus, engagé en 1892 sous le nom de comte de Bandissen, cet homme ne voulut jamais rien avouer. Sa vie à la chambre était silencieuse et froide, invisible presque : le glissement d'une carmélite. Il part au Tonkin en 1894, est de toutes les rencontres, marche au feu, très brave, très tranquille, très lourd, très simple, très Prussien, muse au milieu des balles, une pipe sous son gros nez, comme un ours dans un vol d'abeilles. Un plomb lui traverse la cuisse, coupe l'artère. On le transporte à Cho-Ra. « J'ai mon compte, dit-il, laissez. » Il redemande sa pipe, fume, et quand il n'a plus de sang il meurt. Quatre mois après, on écrit d'Allemagne au poste de Cho-Ra pour savoir si le nommé Bandissen n'avait laissé aucun souvenir. Le capitaine s'informe, et apprend que le brave soldat, ex-officier allemand, était comte de Bandissen, fils de l'ancien général gouverneur de Magdebourg. Sur tout le reste, passé, drame, causes, motifs : mystère....

Vingt-deux ans, imberbe, teint mat comme un vieil ivoire de musée, figure résolue dès qu'elle s'anime, flétrie et molle dans le rang. Celui-là, portant sa gamelle, est rencontré dans la cour par un jeune et joyeux sergent : « Ici, légionnaire! » L'homme vient. Le sous-officier, à voix basse : « Tu ne me reconnais pas? — Non. — Cependant, mon vieux, nous avons fait plus d'une fois la fête ensemble chez Maxim's. — Vous faites erreur, *monsieur*. — Allons, au revoir en quelque Tonkin, puisque vous ne voulez pas qu'on sache qui vous êtes. Au fait, moi aussi j'ai enterré mon titre à la Légion. Rompez. » Et les deux hommes *du monde* s'éloignent.

Un ex-officier de la marine espagnole, M. d'I..., se fait chasser de l'armée, reprend du service comme volontaire pendant la campagne gréco-turque, s'arrête plus tard à Nice où il avait des

cousins, et s'y fait remarquer par ses accès de
gallophobie. On le laisse dire. C'est la rage du
joueur qui défonce d'un coup de pied la porte
de son cercle : il en veut aux Français de l'argent qu'ils lui ont gagné. Plus calme, il hésite
entre la Légion et le suicide. Le régiment l'ac-
cueille. Le peloton des élèves caporaux paraît
le guérir. Bonne conduite, mais défiant comme
un cadenas. Il tombe malade un jour. L'officier
l'interroge, obtient un nom, une adresse, écrit à
sa famille, et voici la carte qu'il reçoit de la
tante du légionnaire :

Toute ma reconnaissance, d'abord, pour votre bonté
à l'égard de mon neveu. Ce pauvre garçon a déjà fait
tant de sottises, tant de promesses vaines, que vrai-
ment je ne puis donner l'assurance qu'il rentrera au
régiment lorsque son congé de convalescence sera ex-
piré. Ici il retrouvera bien des tentations, et la frontière comme promenade. Son épreuve n'a pas encore
été assez longue, et c'est avec un véritable chagrin que
je lui refuse l'hospitalité.

En même temps que cette lettre, un cousin de

l'agonisant, délégué par la famille, envoyait cette dépêche :

Faites nécessaire pour corps et âme.

Cette lettre inflexible, ces cinq mots funèbres, avouent et accusent d'inguérissables hontes. J'ai demandé d'autres renseignements, mais les officiers se sont tus; ils savent le mystère et le respectent.

Autre lettre d'un officier de France à l'un de ses collègues de la Légion :

Vous avez dans votre compagnie mon neveu qui, à trente-deux ans, vient de contracter un engagement de cinq ans pour servir au 1er Étranger. Pourquoi? Je n'en sais rien. Histoire de cotillon, sans doute, etc.

Histoire terrible, peut-être.

J'oublierais le plus bel exemple en ne citant pas cette curieuse page d'un remarquable écrivain, M. Paul Ginisty. L'extrait suivant du *Petit Marseillais*, janvier 1893, montrera au public, avec force, les mystérieuses ressources de ces régiments :

Le général Castagny venait de s'emparer de quelques petites villes mexicaines. Les habitants, terrifiés, refusèrent de vendre des vivres à notre Intendance.

« Messieurs, dit le général à son état-major, il est politique de modifier l'impression que nous avons produite. Cette ville est fort attachée à la religion; elle aura meilleure idée de nous si elle nous voit la respecter. Demain, dimanche, nous assisterons donc, solennellement, en grande tenue, à la messe. »

Le lendemain, en effet, les soldats disposent l'église pour donner le plus de pompe possible à la cérémonie. Ils vont cueillir des palmes et des fleurs dont ils ornent l'autel. Les tambours et les clairons se placent dans la nef pour battre au champ à l'élévation. Mais le curé de la paroisse a disparu... On le cherche, il est introuvable; il a craint, sans doute, de mauvais traitements...

Que faire? On va frapper à la porte d'un couvent voisin. Les moines, barricadés, ne répondent pas. Le général y met de l'amour-propre : la messe doit être dite. Mais il va être forcé de renoncer enfin à son projet, quand tout à coup le factionnaire à la porte de l'église s'avance respectueusement et présente les armes :

« Mon général, si vous ne trouvez personne, je dirai bien la messe, moi... je sais comment on s'y prend.

— Toi?

— Moi, répond le soldat de la Légion. Avant d'être militaire, j'étais évêque. »

Le général eut un moment d'étonnement assez naturel. Puis, réfléchissant qu'il fallait, avant tout, qu'il tînt sa promesse :

« Eh bien, soit! »

Le légionnaire donne son fusil à un camarade, revêt l'aube et l'étole dans la sacristie, et, assisté d'un lieutenant qui lui servait d'enfant de chœur, célèbre la messe avec une parfaite dignité. Dans l'exorde au général, après l'offertoire, il lui demanda s'il était utile de prononcer un sermon. Le général l'en dispensa. Mais, après la lecture de l'Évangile, quand il eut quitté l'habit ecclésiastique, le soldat reçut une forte gratification.

L'effet salutaire attendu avait été produit. La population se rassura, jugeant que les Français n'étaient pas des diables, puisqu'ils allaient à la messe. L'ancien évêque continua d'ailleurs à se battre, et à se bien battre, car il reçut, au cours de cette campagne, la médaille militaire.

Mais voici l'énigme : Albrecht Friederick, fils de Friederick et de Friedericka Nornemann, né le 16 octobre 1871, s'engage en 1897 au 2e Étranger. Cet homme de vingt-six ans, las et grave, supportera-t-il les fatigues des premiers mois de caserne? Il s'est présenté un soir, n'a dit que son nom, doucement, ceux de son père et de sa mère, et s'est tu ensuite, mélancolique. A-t-il menti? On ne sait. Il a des mains longues, de race, et il salue haut. Mais se ressaisissant, familier, il sourit, s'installe près des camarades, écoute leurs histoires, y prend part, même, de temps à autre, d'un mot qui résonne, étrange, comme un son de verre de Bohême très ancien.... Et puis son sourire s'efface, il rêve jusqu'à la nuit. L'inconnu sait manœuvrer, mais le lebel est pesant. Long et mince, il s'enroule dans les couvertures de son modeste lit de fer, comme ces grands chiens des rois, efflanqués, qui somnolent sur les tapis des palais. Des choses somptueuses défilent dans la petite larme suspendue au bord de son œil; il ne vit pas, il s'ennuie ou s'amuse à revivre des temps qui sont morts, et il frissonne de langueur. Pitoyable, un conseil annule son engagement, et le major l'envoie à l'hôpital militaire. Il n'a pas dix mois de présence au corps. Mais c'est trop tard. Malade depuis son arrivée à Géryville, où il attendait son rétablissement pour être renvoyé en congé, il meurt, grave, sans dire un mot, — et voici que, à la stupéfaction du régiment, un navire, trois jours après, entre en rade pour chercher son corps. C'est une ambassade qui, le 27 novembre, vient réclamer les dépouilles du « nommé » Albrecht Friederick, « cousin germain du prince Henri de Prusse, cousin, par conséquent de Guillaume II, empereur d'Allemagne ». Et le grand bateau en deuil s'en retourne vers Hambourg.

Ajouterai-je à ces contes? Pourquoi?

Leur seul prolongement est la rêverie du lecteur. Qu'il cherche dans son existence, il y retrouvera d'émouvantes minutes où il pensa quitter le monde, entreprendre d'autres espoirs, ailleurs, avec d'autres gestes et une autre âme. Ceux-là ont fait ainsi. Ils ont transporté dans le silence d'une seconde existence les souvenirs d'une première vie dont nous ne savons rien, et dont nous ne saurons jamais rien. Mystères, mornes manteaux... qu'on vous soulève un instant sur ces poitrines secrètes, qu'on appuie l'oreille sur ces cœurs, et, comme l'Indien entend les rumeurs du sol, nous entendrons sans doute, exhalées

des ténèbres de la vie ancienne, de la « première » toutes les voix éparses de quelque vieux
drame caché : écroulements de triomphes, appels
de détresse, chutes d'illusions, clameurs étran-
glées, des remuements d'or, des sanglots d'amour,
des cris, des râles, et remontant en bulles d'un
passé de fange, çà et là, lointains, peut-être, des
coups de feu....

RÉFORMES

RÉFORMES

J'ai essayé de montrer, des âmes de ces hommes, la part visible; devant la part ténébreuse, je m'arrête. Ma curiosité frémissante y soupçonne de beaux débris, mais peut-être qu'en les illuminant j'en éclairerais la vermine. Mon travail s'arrête donc ici. La lanterne sourde est levée sur les caveaux. Qu'y a-t-il derrière? Vices? vertus? splendeurs? désastres? des roses séchées ou de la charogne vivante? Personne n'est sûr. Alors, ne descendons pas le degré, demeurons au seuil de ces âmes, imitons leurs mornes gardiennes, l'Admiration et la Pitié, et accoudons-nous devant le mystère...

Et puis, remontons. Car au-dessus de ce silence des foules turbulent. En bas, travail sourd des fumiers ; en haut, vibrations, feuilles, fleurs, lumière. Des racines enfouies une force fourmillante s'élance : la Légion ressemble à un arbre. Arbre colossal que nourrissent les ferments d'une nécropole cachée, il envoie par-dessus les eaux, vers les colonies, le bienfait de ses quatorze mille ramures. Mais l'arbre a un ver.

Je n'ai pas cherché la « petite bête », on me l'a montrée. La Légion voudrait voir transformer son *recrutement* et son *dépôt*.

Voici pour le recrutement :

Lorsqu'un légionnaire s'engage, dans n'importe quel endroit de la France, le maire lui fait passer la visite. S'il est vigoureux, on le lâche et on lui dit : Allez rejoindre.

Qu'advient-il ? Ici, je cède la parole à un légionnaire. J'ai vu dans l'atelier de la presse, à Bel-Abbès, un dessinateur étranger, grand, jeune, doux, aux cheveux et aux yeux pâles lavés comme ses aquarelles, Jérémias, qui me montra ingénument ses Mémoires illustrés de dessins d'une miraculeuse propreté. Lisons les deux premières pages :

PRÉFACE

La destinée de l'homme est curieuse, surtout de celui qui, pour quelque cause, soit infortune, soit misère, a détruit son paradis, et tombe dans une vie aventureuse.

Mes amis, j'avais du talent pour la peinture, et puis une belle place dans un grand atelier d'art, et mes parents ne me voulaient que du bien. Mais, dans mon jeune cerveau, des idées, ou plutôt des rêves, ont pris de plus en plus de la place, et un beau jour, attiré par le splendide temps du mois de mai, et poussé par une forte envie de voir des pays étrangers, j'ai pris congé de mon pays natal, me dirigeant d'abord vers la Suisse. Étant jeune, je ne pensais pas au lendemain. J'ai passé le Saint-Gothard où j'ai admiré des paysages magnifiques; mais, après être rentré en Italie, toute ma petite fortune était épuisée. La première misère commençait parce que je ne pus trouver de travail nulle part. Je restais presque des trois jours sans nourriture. J'étais obligé de m'adresser à des bureaux de police si je ne voulais pas coucher à la belle étoile, vu que j'étais tellement fatigué, ayant fait plus de 75 kilomètres à pied, où l'on m'hébergeait dans une petite cellule sans air ni lumière ressemblant plutôt à une cage de fauve qu'à un logement pour un être humain. Pendant ce temps-là, j'entendais beaucoup parler de la Légion étrangère. Sans faire long feu, en entrant en France je me suis engagé dans une ville de garnison, nommée Mâcon (Haute-Saône), près de Lyon.

Là, après avoir remis mes papiers, j'ai passé la visite d'un médecin à deux galons qui m'a reconnu sain, robuste et bien constitué. En me donnant ma feuille de route, l'on m'a remis 2 fr. 50 pour deux jours d'indemnité jusqu'à Marseille. Et puis j'ai été me promener jusqu'à 8 heures du soir dans la ville de Mâcon.

Jérémias prend le train, arrive à Marseille, se promène, regarde la mer, les voiliers, trouve certaines rues très sales, en accuse les Italiens qui y habitent, va au fort Saint-Jean, remet ses papiers au chef du poste, est conduit au bureau de la Sous-Intendance; là, il monte un escalier pour rejoindre ses camarades.

J'arrive enfin sur la plate-forme du fort où je trouve des hommes des régiments d'Algérie, des engagés pour la Légion étrangère et autres troupes d'Afrique qui sont libérés ou en permission.

L'on y voit un pêle-mêle de types en civil, bien et mal habillés et de différents métiers, et chacun avait sa cause ou son motif pour venir ici s'engager. Il y en a poussés par la misère, pour affaires de famille, dé-

sespoir d'amour, ou ils ont fait un mauvais coup et
ne peuvent plus rester (*sic*). Dans le nombre, il y en a
de bien malheureux, quoique tout jeunes, et qui ne
savent pas ce qu'ils ont fait.

La troupe porte les différentes tenues fantastiques
de l'Algérie, par exemple les zouaves avec leurs larges
pantalons, les tirailleurs, les chasseurs d'Afrique,
les spahis.

De la plate-forme, l'on jouit d'une très belle vue sur
la ville. Devant soi, en longeant le quai, il y a une très
belle église, la Gloriette, du style byzantique (*sic*).

Plus loin, je lis :

J'étais bien en train de contempler l'horizon, lorsqu'un bonhomme me met un balai à la main et, avec
un air terrible, me commande de nettoyer les latrines.
J'avais déjà des présomptions défavorables sur mon
service prochain à la Légion, car j'ai eu mon balai à
la main jusqu'à midi, heure où l'on va manger la soupe
aux fayots pas trop grasse, un petit bout de viande et
un quart de pain.

La fleur bleue n'est jamais fanée dans ce cœur
du Nord. Voici sa rêverie, en mer :

C'est au milieu de l'immensité de l'Océan que le

souvenir de la patrie et des beaux jours passés vient assaillir l'esprit du pauvre voyageur.

Il débarque à Oran :

Je lève les yeux, et devine tout au loin, à l'horizon, le pays où désormais je vais vivre de la vie aventureuse et accidentée, *m'a-t-on dit*, du soldat de la Légion étrangère.

Il n'y a pas d'autre formalité, et il n'y a pas d'autre surveillance. Depuis son arrivée à Mâcon jusqu'à son arrivée à Marseille, Jérémias fut à peu près libre. Jérémias est honnête, il a donné sa parole, il sera exact. Mais empêchera-t-on le *tricheur* de vendre sa feuille de route et son ticket de chemin de fer à un « malingre » ?

La Légion étrangère en a malheureusement beaucoup : hommes affaiblis par les privations et les chagrins, toute une masse de dépoitrinés qui font d'inimaginables efforts, en campagne, pour suivre les colonnes. Mais, une fois sacs à terre, quand il n'y a plus que de l'héroïsme à donner, ces chétifs passent très souvent les plus forts, car la vraie vigueur est dans l'âme, et c'est l'Énergie.

Mais il ne faut pas trop compter sur l'héroïsme ; on ne se bat plus tous les jours, et il faut pour les colonies des soldats musclés et résistants. *La Légion étrangère désire qu'un service anthropométrique soit installé à Marseille.* Après la visite, on enverrait la feuille au régiment, et, à l'arrivée du légionnaire, le médecin vérifierait la « mensuration ».

Voici maintenant pour le Dépôt :

Il y a deux compagnies de dépôt à Bel-Abbès pour le 1er Étranger, et un petit dépôt à Oran pour le 1er et le 2e chargé de recevoir les hommes destinés à la Légion et d'embarquer pour la France les légionnaires libérés ou réformés.

Les deux compagnies du dépôt de Bel-Abbès ont un effectif de 800, 1000 et parfois 1200 hommes, lorsque les compagnies actives n'en ont que 250 et parfois 200.

Ces groupes de 800 à 1200 hommes sont commandés par un seul capitaine, un seul lieutenant, et par le même nombre de sous-officiers et caporaux que celui d'une compagnie ordinaire.

Si ces engagés arrivaient ensemble, une forte main pourrait les conduire ; mais ils viennent

par petits paquets de vingt à trente hommes ; pour
chacun de ces groupes il faut un cadre, et comme
il s'en présente sans cesse, les cadres s'épuisent.
Si le capitaine et le lieutenant, après les avoir
logés, armés, nourris et habillés, veulent les
administrer avec justice, quel soins, dès lors,
peuvent-ils donner à l'éducation et à l'instruction
de leurs légionnaires, et notamment aux exercices de tir, si compliqués ?

Actuellement, la pénurie des « gradés » oblige
le capitaine à désigner des soldats comme chefs
d'escouades, chefs de groupes d'instruction et
chefs de chambrées ; et l'on sait que, chaque fois
qu'un homme est investi momentanément d'une
fonction dont il n'a pas mérité le titre, il n'use
de son titre que pour abuser de la fonction.

Il s'ensuit un certain désordre. Au bout de
quelques jours, des voix crient justement à l'in-
justice. Les intérimaires, d'âme basse ou médiocre, désignés pour conduire ces énergies, dont
quelques-unes sont supérieures, se trouvent à la
tête d'escouades sourdement agitées, rageuses ou
méprisantes, qui n'obéissent qu'aux terreurs du
Code. Si l'officier arrive par hasard, son œil qui

voit de haut pénètre ces révoltes, en débrouille les multiples fils, apaise les haines, et rallume les volontés. Mais il ne vient pas, ou si peu, — car il n'a pas le temps.

Un autre danger : il y a dans ce dépôt un grand nombre de vieux soldats ayant accompli plusieurs congés qu'on emploie aux services généraux du corps (jardiniers, muletiers, cordonniers, tailleurs, ordonnances, plantons), nouvellement venus des colonies, et relégués dans ce dépôt pour finir leur convalescence. Beaucoup de ces reîtres qui ont tout osé, tout vu, peut-être tout fait, sont mêlés à la grande masse enfantine des soldats de seize, dix-sept et dix-huit ans, arrivés la veille, et ils y commettent parfois d'affreux ravages.

Sous l'influence de ces routiers, dont beaucoup vécurent en cellule, les jeunes se démoralisent. Insuffisamment surveillés par leur capitaine, ils sont la proie des brutes ou les victimes de l'exemple. Exploités par les anciens, ils deviennent à leur tour des roués dangereux; ils subis-. sent des habitudes : l'ivrognerie, la « bombe ». Saturés d'absinthe, ils partent, rentrent au bout de cinq ou six jours, et se font coffrer. Mais, si on enfermait le vrai coupable, il faudrait l'aller chercher dans le groupe qui fit le mal.

Une preuve que cette organisation du dépôt est défectueuse, c'est qu'une fois placés dans les compagnies actives, ces jeunes soldats n'y ont plus aucune punition ; — car, là, tout obéit sous le même geste : les sergents à leurs officiers, les hommes à leurs caporaux, et la compagnie entière à son capitaine. Un seul, de près, veille sur tous.

La réforme à tenter serait donc celle-ci : *Il faudrait des cadres supplémentaires dans les compagnies de dépôt, à Bel-Abbès et à Saïda.* Dès lors, on ne verrait plus de jeunes sous-lieutenants obligés de conduire des unités de 800 à 1200 hommes, — et quels hommes !

En attendant ce supplément, la Guerre pourrait exiger que le véritable cadre, lequel se trouve aux colonies ou en convalescence, soit réellement présent, choisi parmi les meilleurs sous-officiers du corps, bien notés « à tous les points de vue », et secondés par de bons élèves caporaux classés. Outre que les hommes seraient mieux instruits, et plus vite, on écarterait ainsi la contagion immorale et les motifs de révolte.

Entre ces deux projets : le service anthropométrique pour le recrutement, et les cadres supplémentaires pour le dépôt, je donne la préférence au dernier : en le réalisant, nous sauvons des âmes, et nous manquons d'âmes.

Ensuite, on pourrait former un corps spécial avec les Alsaciens et les Lorrains qui nous arrivent très jeunes, très innocents, très honnêtes, très droits, n'ont aucune faute à cacher, aucun souvenir à détruire, aucun mort à retuer. On les jette, pêle-mêle, dans une foule où il y a des saints, mais où il y a aussi des bandits, et si l'un d'eux succombe, c'est nous qui l'avons souillé. On devrait donc, en dépit des scrupules diplomatiques, former un bataillon d'Alsaciens et un second de Lorrains. Et, dès qu'en Alsace-Lorraine on saura cela, les enrôlements s'y feront en masse.

Et la Pologne? Et l'Irlande, surtout, la sainte Irlande meurtrie et trahie, la Sœur de Hoche, l'Irlande, que notre brave Humbert défendit contre les Anglais en 1798, l'Irlande où le titre de Français constitue le meilleur passeport d'un bout à l'autre de l'île, Érin déserte et désolée qui nous aime et qui croit en nous depuis cinquante ans, quel formidable bataillon ne donnerait-elle pas à la France, si la France ne la traitait plus comme une étrangère!

Avec ces quatre bataillons : les Alsaciens, les Lorrains, les Irlandais et les Polonais, on pourrait créer pour Tlemcen un troisième régiment de la Légion étrangère.

DEUX ARMÉES COLONIALES

DEUX ARMÉES COLONIALES

Tout le long de la frontière chinoise, la ligne des petits postes appelés « postes de police frontière mixte » est exclusivement composée de tirailleurs tonkinois. Système économique : un peu de riz moissonné sous la sandale, en marchant, et ces débrouilleurs de la brousse forment un corps d'excellents guides. Mais leur utilité s'arrête là.

Oublions que les besoins des Européens sont plus coûteux, que leur subsistance réclame l'expédition, à grands frais, d'approvisionnements très variés (farine, vin, tafia, etc.), et songeons seulement aux services qu'ils pourraient nous rendre, si on les constituait de manière à former le noyau puissant d'une future armée coloniale.

On a beau placer à la tête d'Indo-Chinois d'inlassables officiers français, ils n'en peuvent obtenir, au feu, ce que sait donner, avant qu'on l'en prie, n'importe quelle bande européenne. Le Tonkinois est brave, mais il manque d' « allant » et de résistance physique. Le Sénégalais, le Soudanais, l'Arabe, sont à côté de lui des colosses, parfois même des héros. Si dans une action à Madagascar ou au Tonkin nos soldats n'apparaissaient pour soutenir la charge, les tirailleurs indigènes seraient bientôt en déroute. L'Européen est le soldat-type des colonies.

Mais il le faut d'une certaine qualité morale et musculaire. Les corps étrangers de Bel-Abbès et de Saïda constituent deux troupes dont le système d'organisation est merveilleusement adapté à ce service : 1º les hommes s'y engagent pour cinq ans, et beaucoup d'entre eux y font trois congés ; 2º ils coûtent moins que d'autres à l'État, car il ne leur est payé ni prime d'engagement ni de rengagement ; 3º leur nombre est considérable, puisque les portes de la Légion ne se ferment jamais et que les hommes y affluent sans cesse. Il y a un quatrième motif pour faire de ces régiments la base d'une grande armée d'aventure, c'est le légionnaire lui-même, de tempérament rude, d'âme audacieuse, vacciné par sa vie amère ou tragique contre les angoisses du devenir, les imaginations de la peur et les bacilles de la fièvre.

Du reste, s'il s'est engagé, c'est uniquement dans l'espoir de courir le monde, de jeter son tourment dans une anse de mer lointaine ou dans quelque marais croupi. « C'est un outlaw, disait le colonel de Villebois-Mareuil, qui a sauté par-dessus les barrières d'une société où il se sentait mal à l'aise, qui a soif de risques mortels, pour y jouer sa vie, seul bien qui lui reste et dont il fait bon marché. Si l'émulation et les circonstances développent en lui un admirable élan, il répond à la monotonie de la caserne par une indifférence dédaigneuse des perfectionnements d'instruction, la volonté arrêtée de ne pas prendre une peine inutile, et le sentiment non dissimulé qu'il n'est pas soldat pour les besognes du temps de paix. » Loin de l'en dégager, la

France le chambre avec ses spectres ; il couche tous les soirs sur ses souvenirs.

On devrait, il nous semble, utiliser ces énergies magnifiques. A quoi bon ces réserves qui ne marchent pas, ou à peine ? Sur un ensemble de quatorze mille légionnaires, on pourrait former quelques bataillons coloniaux pris parmi les hommes ayant fait campagne, intelligents, braves, fins, démêleurs, adroits, experts en tous métiers. Et cette « Garde des Colonies » accomplirait des merveilles !

Voilà une armée coloniale telle que bon nombre de gens en France la désirent ; je souhaite qu'elle vaille mieux plus tard qu'un projet. Mais en voici une autre formidablement organisée, et qui tient sa proie comme un vautour son mulot : c'est l'armée civile des colonies.

Trois jours avant leur départ pour Tananarive, les hommes du bataillon désigné formaient des conciliabules, le soir, aux terrasses des cabarets de Bel-Abbès. Une table m'attira. J'y retrouvai les Intelligences : notaires, avocats, médecins, hommes de lettres, ingénieurs, moines, artistes, dont je n'avais pu entendre, au long de mes flâneries, que les très furtifs chuchotements. Là, sans contrainte, les voix montaient haut. Presque tous ces hommes avaient été en expédition et s'ornaient de médailles commémoratives. J'arrivai près d'eux au moment où ils parlaient des colonies, de l'administration, des fonctionnaires, et, à l'ombre d'un groupe, je glanai des notes que je restitue telles qu'elles, comme le hasard me les donna. Elles édifieront le lecteur.

« Dans les colonies, tous les Français qu'on rencontre sont fonctionnaires. »

« En 1887, il y avait six cents Européens à Hanoï, dont cinq cents fonctionnaires. »

« A Ténesse, il y avait une dizaine de Français, tous gros fonctionnaires. En revanche, les autres Européens : Espagnols, Allemands, Belges, Italiens, etc., *travaillaient*. J'ai connu des commerçants maltais qui étaient devenus très riches. »

« A Son-Tay, il y avait, en 1886, un résident, un chancelier de résidence, et six employés de résidence variant de la 1re à la 5e classe pour administrer *trois* Européens dont le plus « honorable » était l'épicier M..., *unique*

Français, placé sous la surveillance de la haute police. »

« En 1895, au moment de l'expédition, en avril, deux
chefs de gare et cent vingt-cinq juges partaient en
même temps que les soldats. A l'heure actuelle (1898)
il n'y a pas cent mètres de voie ferrée, et on ne voit
pas qu'il y ait plus de cent vingt-cinq Français à juger
à Madagascar. »

« La France aime tellement le fonctionnarisme —
ou les fonctionnaires — que, sous le prétexte de s'at-
tirer les bons services des mandarins, on leur a donné
une solde fixe. Ils sont appointés par nous. »

« Ah ! le fonctionnarisme! Un assassin, à Konakri,
était condamné à mort. C'était un homme dangereux,
et il fallait un exemple. Mais, comme il n'y avait pas
de guillotine, l'assassin resta en prison, bien mieux
nourri que les soldats.

— Je puis le faire fusiller, dit un capitaine de la
Légion.

— Non, dit le gouverneur, le règlement exige qu'il
soit guillotiné.

— La morale, c'est-à dire l'intérêt de tous, réclame
sa mort, dit le capitaine, qui avait son libre parler;
deux légionnaires l'enverront au diable, puisqu'il n'y
a pas ici de guillotine.

— Et les journaux? murmura le gouverneur.

Les journaux, passe encore; mais le fonctionnaire avait surtout peur de trois ou quatre factoreries, dont une allemande, qui exerçaient sur ses actes une sorte de contrôle. »

« A territoire égal, les Anglais placent un fonctionnaire là où nous en mettons quinze. »

Etc., etc., etc.

Et ceux qui parlaient ainsi avaient vu.

Voilà deux armées : l'une brave et intelligente, qui ne reçoit rien de la nation et lui donne cependant sa vie, — et l'autre incapable, qui reçoit de la France honneur et fortune, et ne lui rend que paresse.

Que de légionnaires doivent rire, là-bas, lorsqu'ils présentent les armes aux résidents! Si le gouverneur désarmait un de ces soldats, lui disait : « Je te fais résident général de la contrée. Va t'habiller, tu es maître, fais et défais; dans un mois tu me rendras compte de tes actes »; si quelque puissant fantaisiste pouvait dire cela, et l'exécuter, nous verrions en moins d'une semaine une colonie « réduite » au bonheur, administrée par des hommes à qui on n'en fait pas croire, résolus, sachants, énergiques, et payés quarante-huit centimes par jour (vingt de plus qu'en garnison).

C'est une boutade; mais la vérité gît dans la boutade comme la lumière dans le grain de poudre. Je plaisante pour mieux montrer que l'État se trompe lorsqu'il envoie aux colonies, comme fonctionnaires, ce que j'appellerai notre déchet : fils de familles laminés par la haute noce, traîneurs de cabarets de nuit, cacatoès de concours aux cervelles de mie de pain, jeunes fonctionnaires si délicats qu'il semble qu'on ait oublié de les enterrer. La maman roucoule dans les five o'clock : « Mon fils, qui ne voulait rien faire, a une belle position maintenant ». Mais que font ces petits cœurs et ces petites échines, là-bas, sous le grand soleil dévorant? La Légion le sait.

Et pendant ce temps, les *vrais* hommes de l'armée expéditionnaire songent : « Quand j'aurai ma retraite, on me renverra. Je serais bien aise, cependant, de rester ici, d'y avoir un poste; mais les postes des colonies, c'est pour les huppés qui n'ont rien pu faire en France. Moi, j'irai à Paris.

Là, comme il y a des masses d'anciens légionnaires à secourir, les Sociétés me diront d'attendre mon tour. Alors je cacherai mes médailles
et j'irai coucher près de la Seine, car avec ma
pension je ne peux que fumer ma pipe. »

Celui qui s'attriste ainsi représente une foule,
et dans cette foule des gloires insultées ago-
nisent, errantes sous les voûtes des ponts, sur le
carreau des Halles, dans les banlieues. Voilà
de braves soldats qui ont servi loyalement un
pays qui n'est pas le leur à raison de quatre sous
par jour, dangereusement à raison de huit sous,
et lorsqu'ils cessent de servir, n'en pouvant plus,
ce pays désapprend leurs peines et les culbute au
ruisseau. Il est pourtant facile de les sauver.

Ce serait d'offrir aux soldats de l'armée coloniale future les postes administratifs vacants.
Parmi les hommes libérables, on trouverait sûrement les employés nécessaires : agents de tous
états, instituteurs, postiers, industriels, vigne-
rons, etc., une masse d'ouvriers d'art et de manœuvres habitués au ciel, à l'air, à l'eau du
pays, heureux de recommencer, loin des villes,
une existence sans drame ou sans accident.

Quelle fougue, alors, n'apporteraient-ils pas au bien, à la délivrance! Après avoir fait campagne dans la colonie, l'arme au poing, ils y travailleraient, la plume ou la pioche en main. Beaucoup de besognes sont encore à faire à Madagascar, au Tonkin, au Soudan. Il y a là une justice à rendre, un acte utile à ordonner.

Je termine en formulant ce vœu : qu'une armée coloniale soit organisée avec les héroïques contingents français-étrangers des régiments de Légion, et que les emplois coloniaux soient répartis entre les soldats libérables de cette armée, les plus vigoureux, les plus sains, les plus habiles. Une force inemployée torture l'homme de la Légion, comme le sang travaille un poulain. Je viens d'écrire un livre sur eux, et mes fins d'article sont toutes les mêmes. Le *leit motiv* de mon étude est invariablement celui-ci : « Faites partir le légionnaire, employez-le sans cesse, de n'importe quelle façon, à des batailles ou à des jardins, partout il vous sera précieux! » En effet, si l'on connaît les services de guerre des régiments étrangers, on ignore généralement leurs vertus paisibles : lorsqu'un de leurs bataillons s'enfonce dans le Bled, dans le vaste désert des dunes où rien ne pousse, il établit ses tentes tranquillement ; et en une heure il y a de l'eau, le soir il y a un puits, le lendemain un champ est tracé, au bout de huit jours pointent des salades, au bout de quinze jours il y a des maisons, et au bout de six mois une ville s'élève, une ville que ces soldats pourraient gouverner comme ils l'ont construite, où l'on rencontrerait des juges, des architectes, des ingénieurs, des comptables, des écrivains pour y entreprendre un journal, des fi nanciers pour y établir une banque, des industriels pour y créer des fabriques, des paysans pour y remuer la terre, et même de grands seigneurs pour y affiner les relations. La masse de ces hommes, d'autant plus honnêtes qu'ils commirent d'abord des fautes et vinrent librement les expier dans ce cloître, dans ce prieuré de l'Énergie où les matines claironnent et où la grand'messe se chante au canon, ces civilisateurs qui pourraient faire des miracles sont actuellement parqués autour de quelques gamelles, et languissent. On les ignorait, on les connaît maintenant. Vite, qu'on les relève, qu'on les fasse agir, qu'on les sauve !

Vers l'Action

A Madagascar

J'avais fini de classer mes notes, et j'allais quitter Bel-Abbès, lorsqu'un officier m'informa qu'un détachement de la Légion était prêt à s'embarquer pour Madagascar.

L'accompagner un instant, c'était clore mon étude par des observations sur le « vif ». J'avais essayé, dans mes notes, de fixer la vie des régiments étrangers, non par l'écriture psychologique, mais par les dessins de leurs réflexes : Aller au feu, à l'action, partir, n'était-ce pas le suprême *geste*? Le lendemain matin, j'étais à la porte de la caserne.

Départ à sept heures.

Le détachement s'en va vers la gare, au son de la musique et de la clique.

Les clairons et les tambours passent. Voici le colonel Bertrand, un Coligny en képi, voici le capitaine Delavau[1] qui commande le détachement, et à droite des lieutenants Colombat et Taste, voici les « étrangers » qui vont se battre pour nous.

Ils sont 135, encadrés par 8 caporaux. Sur chaque poitrine sautent des médailles coloniales, et 100 hommes sur les 135 ont une ou deux brisques.

Leurs têtes disent leurs pays. Il y a là bon nombre d'Allemands, et parmi eux des Prussiens. Il y a des barbes d'or, des yeux italiens vifs comme des poissons phosphorescents, des coupes de cheveux vaguement russes, des teints espagnols, de grosses balles flamandes.

Leurs yeux révèlent leurs passions. Il y en a d'insolents comme le crime à midi, de funèbres comme des veilleuses, d'éperdus qui cherchent, frissonnants, pourquoi ils sont là et pourquoi ils pleurent, d'empourprés par l'audace, de décolorés par le souvenir, de fiers qui ne voient personne,

1. Tué à Madagascar.

d'enfantins qui songent à la gloire, d'éraillés qui savent le vice; et j'en vois jusqu'au fond des rangs d'inconsolables, j'en aperçois partout de froidement mornes, comme le Regret.

Leur pas proclame leur élan : tous semblent se presser vers la vision qui les appelle; Madagascar, au loin, leur fait signe de ses bras verts. C'est la bonne mort pour quelques-uns, l'oubli du passé pour beaucoup; pour la masse c'est l'aventure, pour les officiers c'est la patrie agrandie.

Départ de Bel-Abbès. La musique se range sur le quai de la gare. Ciel humide; entre les mains du capitaine Delavau s'effeuille l'humble bouquet des Dames de France. Les officiers qui demeurent étreignent avec envie ceux qui partent. Une voix énergique rompt les adieux :

— Faites embarquer!

Les hommes montent en silence. Pas le moindre cri, nulle parlote. Leurs cantines placées, le capitaine et les deux lieutenants montent à leur tour. Le train siffle, démarre. Au ras du trottoir, talons en équerre, le bras droit coudé réglementairement, le 1ᵉʳ Étranger salue, et le train s'enfuit. Alors le colonel laisse tomber son bras, et arrêté par le bâton du chef, l'air de musique s'étouffe tout à coup. Ce geste, ce refrain, c'est l'effusion de la France, la solde du dévouement et de l'audace, vite réglée. Allons, bonsoir !

. Oran. Le détachement reprend ses sacs et traverse une ville habituée qui se détourne à peine. Les légionnaires de Bel-Abbès sont rejoints par ceux de Saïda : 95 casques blancs ; deux épées : les capitaines Lamarque et Toury ; trois lieutenants : MM. Rottée, Arqué, Pichon. Poignées de mains rapides, compliments : « Nous allons faire campagne ensemble. — Tant mieux. — On va retrouver Machin et Chose là-bas. — Un tel est tué. — Pauvre ami ! — Que voulez-vous boire ? » Et au moment de prendre une chaise, j'assiste, le cœur battant, à une courte scène en trois phrases, un drame :

Un simple soldat du 1er, R..., homme de trente-cinq ans, belle tête régulière et forte, patinée du hâle des colonies, décoré de la Légion d'honneur et cinq fois médaillé, s'approche d'un jeune lieutenant du 2e, M. A..., grande barbe, longues moustaches fines, et s'arrête sur un coup de talon, la tête haute, à quatre pas de son chef. L'officier le reconnaît, pâlit un peu.

« — Mon lieutenant, dit le soldat, je viens d'apprendre que vous faisiez partie du détachement qui va à Madagascar, et comme j'y vais aussi, j'ai cru que c'était mon devoir de me présenter à vous.

L'officier, bref :

— Vous avez bien fait, je vous remercie.

Pénible silence entre les deux hommes.

— Je sais, balbutie le soldat, que j'ai beaucoup à me faire pardonner.

— Oui... beaucoup. (Autre silence.) C'est bien, dit le jeune lieutenant, *nous verrons ce que vous ferez là-bas.* »

Un signe, un salut. Le vieux légionnaire s'en retourne. Je pose un doigt sur l'officier :

— Qui, cet homme?

— Cet homme est un de nos anciens camarades du 2ᵉ, deux fois lieutenant, deux fois réformé pour « manque de dignité dans le service » et finalement réengagé comme légionnaire de 2ᵉ classe. C'est en garnison un ivrogne, un fumeur d'opium et buveur d'éther aux colonies. Ce qui peut lui arriver de meilleur, voyez-vous, c'est qu'il fasse là-bas une belle action et prenne sa retraite comme légionnaire. (*Une pause.*) Et dire, rêve l'officier, que nous avons vécu à la même table, qu'on s'est tutoyé, et que je le respectais comme un héros. Tout à l'heure, quand je l'ai vu, j'ai pensé à l'ancien temps, et j'allais machinalement rassembler....

— Et sa croix?

— Il l'a gagnée, avec une blessure, à l'affaire de Lang-co-Loun, au Tonkin. Mais si j'étais à sa place, je ne la porterais plus qu'au feu.

Nous regardons, sans rien dire, s'éloigner l'ex-lieutenant.

Tristesse....

Mardi soir. Tous les hommes rangés sous le hall du quai, face au navire. Le général de Ganay, vieil Africain, escorté du général Mauduit, ancien lieutenant-colonel de la Légion et qui s'est trouvé avec elle au Tonkin et au Dahomey, passe la revue des deux détachements.

Parfois, il s'arrête devant les brisques, touche les poitrines médaillées, sourit.

Debout sur les ballots de marchandises, mille curieux regardent, impressionnés. A la vue de ces faces de passion, de saints ou d'assassins, qui sait? des femmes énervées sortent de la foule. La brise balaie en mer la musique des zouaves, emporte son dernier sanglot, et le silence devient si profond qu'on entend le râle d'une sirène, loin.

« En route! »

Ils montent. En un quart d'heure, tout est prêt. Les deux généraux descendent dans la cale, je les suis. M. de Ganay, arrêté au seuil, contemple non ses subalternes, mais ses camarades, et sa voix vibrante les redresse, comme une tape sur des cous de chevaux :

— A revoir, les gas! Je voudrais bien être à votre place! (Souriant, il regarde le bloc d'hommes pressés dans l'ombre). Voyons, qui est-ce qui voudrait permuter avec moi?

— Bibi, mon général!

M. de Ganay voit un jeune museau blondin levé entre des épaules, au fond de la cale noire; il sourit encore, mais avec une pointe d'amertume aux lèvres :

— Tu ne sais pas ce que tu perdrais, petit, tes cheveux et ta jeunesse.

En mer. Ciel et eau calmes. Le transatlantique file comme une mouette. Un capitaine du 2ᵉ, M. Lamarque, deux yeux bleus et fins, se promène sur la passerelle et lit le *Lys rouge* d'Anatole France. Les hommes s'accoudent aux bastingages et les patries s'assemblent : Allemands, Autrichiens et Suisses en un tas, les Belges d'un côté, les Espagnols de l'autre; un Grec, qui ne sait à qui parler, raccommode silencieusement sa musette.

La plupart jouent aux cartes, vautrés sur des sacs vides et des couvertures. J'en vois un, assis sur le plancher, qui lit un numéro du *Petit Tempérant*. Un jeune officier, M. T..., petit homme énergique aux moustaches en épingles, montre le légionnaire :

— Regardez celui-là, c'est un Tchèque qui ne sait pas lire le français; s'il savait le nom du journal qu'il a entre les mains, vous verriez une belle grimace; il a eu quinze jours de cellule le mois dernier... pour ivrognerie.

Un autre lieutenant m'entraîne vers la buvette, où sont réunis les camarades.

— En somme, dis-je, qu'allez-vous faire dès votre arrivée à Marseille?

— Nous serons embarqués le 10 sur le *Natal*, et nous arriverons à Majunga vers le 1er janvier. Majunga, c'est le Dépôt, la portion centrale du bataillon de marche composée du capitaine-major, de l'officier de détail et de trois secrétaires dont un sous-officier.

— Une fois là?

— L'officier délégué par le général Gallieni nous donnera notre affectation; nous irons d'abord faire la « relève » des postes. Vous n'ignorez pas qu'il y a quatre postes principaux, un par compagnie de marche. On va donc former quatre fractions de renfort de détachement.

— Où iront-elles?

— Un bâtiment côtier transportera ces différents renforts sur la côte ouest jusqu'à Tuléar, et le renfort destiné à Fort-Dauphin ira s'embarquer à Tamatave pour être transporté à destination, à moins que la peste....

— Bah, fait un officier, la peste est partout, à Paris plus qu'à Madagascar.

— Et une fois dans vos postes?

— Arrivés là, et toutes les consignes passées, le détachement formé des officiers et hommes de troupe ayant accompli leur temps de séjour colonial regagne la côte et se concentre à Majunga d'où on le rapatrie « pour France ». Ainsi la relève est faite.

Un officier interrompt :

— Ton carnet d'achats pour Marseille est-il à jour?

— Oui.

Indiscrètement, par-dessus son bras, je lis, en écriture fine :

« A acheter : poêlon, gril, assiettes (au cas où il faudrait marcher seul), sels de Vichy pour les camarades de Madagascar, loupe, tondeuse, moustiquaire, boussole alidade pour levés rapides, un sac de graines potagères, appareil photographique 6-9, flacon de Lubin, selle, pipe, deux fers à repasser, lampe à pétrole, fusil de chasse, cartes de Madagascar, une

pharmacie comprenant : sulfate de quinine en solu-
tion, chlorhydrate de quinine, cocaïne, caféine,
morphine, éther, teinture d'iode, salol, calomel en
cachets, un thermomètre de santé, une lancette, ar-
nica, ammoniaque, inj...

Je souris derrière ma main. Que l'auteur du
carnet me pardonne, j'ai parfaitement lu :

« Injecteur pour la conghaïe. »

— Tu as oublié un cours de Botanique, dit
quelqu'un ; parfois, comme commandant de sec-
teur, il nous faut donner un rapport sur la flore.

— Et un thermomètre barométrique.

— Trois louis, c'est trop cher.

— Et un réveil.

— Bah ! on ne dort pas. J'ai déjà été aux colonies, il ne faut pas s'y encombrer de bagages ;
cependant, comme il faut savoir faire un peu de
tout, j'achèterai l'aide-mémoire de l'officier du
génie. A Madagascar, Colombat a posé vingt-sept
kilomètres de lignes télégraphiques. Repasse-
moi le carnet. A ta santé !

Je sors. Je vais me promener sur le pont. Le

capitaine Lamarque est assis, le *Lys rouge* ouvert sur un genou. Il y a encore des gens qui soutiennent que l'armée ne lit que l'*Annuaire*.

— Croyez-vous qu'il y aura bataille là-bas?

Le lieutenant que je questionne sourit :

— Espérons-le. L'action se portera maintenant vers la partie sud-ouest de Madagascar, la plus sauvage, depuis la rivière Tsihiribina, au sud de Majunga, jusqu'à Fort-Dauphin. Cette contrée, qui manque totalement d'eau, est qualifiée « désert » sur les cartes, mais on ne sait pas au juste. C'est là où marcheront les légionnaires.

A côté de nous, les hommes dînent. C'est l'*olla podrida* du soir : vermicelle, haricots, pois chiches ; et je pense au monstre qui à son tour mangera ces bandes de mangeurs.

Car il est parti 3 officiers et 150 hommes pour Madagascar en juin 98, 3 officiers pour le Tonkin le 1er juillet, 7 officiers et 950 hommes pour le Tonkin le 1er septembre, 9 officiers et 240 hommes pour Madagascar le 10 décembre ; et comme on doit embarquer 500 hommes et 3 officiers pour le Tonkin le 1ᵉʳ janvier, cela fait, pour les deux seuls régiments, 1840 hommes et 25 officiers, *en six mois*. Combien reviennent? Mangez, légionnaires, vous ne mangerez jamais autant que les colonies.

Nuit sereine. Je descends dans la cale. Tout le monde dort. Aucun spasme, aucun ronflement. Mystérieux qui gardez vos mystères, révoltés jetés bas, déchets de patries, cœurs traqués, vivants regrets des mères, il semble que votre souffle même a peur de vous réveiller. Sommeil, bon repos pour les battus de ce monde, apparences de la mort que vous désirez, oubli....

Sur la pointe des pieds, je m'efface.

Marseille. La ville apparaît. Le capitaine Lamarque ferme le *Lys rouge*. Débarquement et adieux.

— Allons, dis-je au lieutenant C..., déjà décoré, bon voyage et courage, et rapportez la rosette.

— Bah! savez-vous ce que je rapporterai sûrement... si je reviens?

— Un grade.

— Une congestion du foie et de la rate, dit-il

en souriant, et trois ans d'anémie palustre, *mais de beaux souvenirs.*

Soldats, ô lys rouges!

D'une des portières du train qui me ramène à Paris, je vois pailleter la mer. Sous son panache de fumée un bateau s'en va; et voici, pensant aux choses vues, qu'un doute infiniment triste m'embrume le cœur. Hommes du bateau, de quoi êtes-vous certains? Fumée bouillonnante et aussitôt balayée, fumée vaine, n'es-tu pas bien leur image? Pour quoi, pour qui partez-vous? qui vous entraîne là-bas et qu'y ferez-vous? Le bateau tranquille s'éloigne, et je rougis. Non, il ne faut pas douter. Courage, dévouement, vous êtes plus que des mots, — car la fumée qui allait mourir s'immobilise, elle se redresse, et plus pure que l'air « d'en bas », s'élance comme en une gloire, monte comme tout ce qui monte, comme la prière monte et comme monte ce qui ne meurt pas !

Credo ! Credo ! Credo !

FIN

Un poste à Madagascar.

Appendices

UN LIVRE ALLEMAND

Le trop court séjour que je fis au milieu des hommes de la *Légion Étrangère* m'oblige d'interrompre ici mon étude. Il y manque, je le sais, des choses essentielles : les récits de l'homme dont on a capté le cœur un instant, l'aveu d'un désespéré, ses souvenirs, les motifs qui l'amenèrent là. Durant les premiers jours, j'essayai, promeneur anonyme, d'amener quelques-uns d'entre eux à me faire leurs confidences. Ils s'y refusèrent, défiants. Ils ne répondaient rien. Leurs froids regards perçaient mon masque. Au bout d'une minute, ils savaient, sauf mon nom, tout de moi : les causes de ma présence devant eux, mon esprit tendu, mon âme qui haletait, jusqu'à mon métier, qu'ils devinèrent à certain tic de l'index, à la façon dont je promenais sur la table une invisible plume. Je ne les compris pas. Pour commencer, ils mirent le trouble dans mes questions; ensuite, avec netteté, tout droit, ils me les renvoyèrent. Et comme je continuais à interroger, ils gardèrent, dès lors, un dur silence.

Que faire? Aucun homme ne leur eût fait dire ce que leurs chefs, leurs observateurs de tous les jours ignoraient. Moi, je donnais toujours des cigares, mais je ne demandais plus rien. D'ailleurs, je représentais, pour eux, la vie « civile » abandonnée, abolie, mauvaise, et ils n'avaient rien à lui confier. Oui, ils n'avaient rien à attendre d'elle. C'était fini entre eux et elle, à jamais.

Où se tourner? A la fin, je découvris un livre que son excellent et littéral traducteur, M. l'adjudant Schaeffer, me confia en feuilles manuscrites. Il fut écrit par un ex-légionnaire allemand nommé Jocay, et parut à Brunswick, en 1895.

Ce Jocay était un rouleur des grands chemins. Il est peu probable qu'il soit l'auteur du livre. On attribue communément cet ouvrage au docteur Hartmann, qui en a signé du reste la préface.

Des extraits suivants, j'ai enlevé tout ce qui me semblait tendancieux, « esprit ennemi ». Du fond de sa ville d'Allemagne, Jocay va nous dire seulement ce qu'il pense : 1° de l'*Enrôlement*, 2° de la garnison de *Sidi-Bel-Abbès*, 3° de ses camarades *les Légionnaires*. Puis, je formerai un dernier chapitre des pages intitulées : *le Retour au Pays*.

ÉTATS DE SERVICE DE JOCAY

N° matricule 10057. Jocay, Nicolas; né le 12 avril 1869, à Temesvar (Hongrie); résidant à Fribourg (Grand-Duché de Bade); fils de feu Pierre et de Marie Comica, domiciliés à Temesvar. — Profession : maçon. — Taille : 1^m,80.

Incorporé à compter du 2 octobre 1890 à Besançon.

Arrivé au Corps le 16 octobre 1890. — 1re Compagnie de Dépôt, du 16 octobre au 5 juillet 1891. — 2e Compagnie du 3e Bataillon, du 6 juillet 1891 au 31 mars 1892. — 2e Compagnie du 4e Bataillon, du 1er avril 1892 au 6 août 1892.

Dahomey, du 7 août 1892 au 8 novembre 1892.

Manque à l'appel du 10 janvier 1893. — Déserteur le 17 janvier 1893.

Rayé des contrôles pour longue absence le 10 juillet 1893.

Bel-Abbès, 1898.

Le traducteur,
S. Schaeffer.

L'ENRÔLEMENT

L'indomptable amour des voyages que nos ancêtres les Germains ont légué à toutes les tribus de notre patrie s'est tout particulièrement conservé chez les Allemands du Sud-Ouest. Bien des fois j'ai entendu dire chez moi, par manière de plaisanterie, qu'il y a aux États-Unis plus de paysans de la Forêt Noire que dans tout le « patelain », et il n'est pas rare d'entendre soutenir qu'il habite plus de Souabes à New-York que dans bien des départements du Wurtemberg. Ces prétentions peuvent être exagérées, mais je sais pour l'avoir vu moi-même que l'on rencontre dans le monde entier des gens qui avaient leur berceau entre le Neckar et le Rhin; j'ai été assez ballotté de l'un à l'autre bout de cette terre du bon Dieu pour pouvoir en dire un mot. Moi-même je puis me considérer comme un vrai fils de mon cher pays allemand, puisque depuis ma plus tendre jeunesse il n'existait pour moi rien de plus beau que les voyages.

Déjà, comme enfant, j'avais dévoré avec passion les récits des voyages qu'il m'était possible de me procurer, et une fois devenu jeune homme, l'envie passionnée de voir d'autres contrées me chassa bientôt loin de chez moi. La besace du voyageur sur le dos, je me suis mis sur le « trimard », et pendant mes longues marches j'ai mis plus d'une paire de semelles en piteux état.

J'ai traversé d'abord la Suisse, ensuite l'Autriche, et suis retourné chez moi en traversant l'Allemagne. Ma soif des voyages n'étant pas encore satisfaite, je me suis mis en route de nouveau, en me dirigeant, cette fois, vers l'ouest, et pendant l'automne néfaste de l'année 1890, j'ai foulé pour la première fois le sol de la « Grande Nation ».

Le 1er octobre, je me présentais au bureau de recrutement de la forteresse de Besançon, pour me faire enrôler à la Légion Étrangère, en

Algérie. Un agent de police qui parlait l'allemand, et dont j'ai fait la connaissance à l'auberge, m'a tellement vanté la vie militaire en Afrique que je ne pouvais résister au désir de me faire incorporer parmi ces mercenaires modernes pour chercher l'honneur et la gloire sous leur drapeau.

Le sergot me conduisit au bureau de recrutement avec le plus grand empressement. Après une visite sommaire, le médecin m'a reconnu apte au service des armes en Afrique, et j'ai apposé ma signature au bas d'un contrat qui me transformait en engagé volontaire pour cinq ans. Après la signature de mon acte d'engagement, j'ai reçu au bureau de la place un billet avec lequel je devais me rendre à la caserne du 3e Bataillon de Chasseurs à pied, où j'étais mis en subsistance jusqu'à mon départ pour Marseille. Mon séjour dans cette caserne a duré huit jours ; pendant ce temps, les soldats avec lesquels j'avais affaire étaient très polis et très prévenants. A mon arrivée à la caserne, à 5 heures du soir, j'ai remis mon billet à l'adjudant de semaine qui m'a parlé immédiatement en pur alsacien, en s'informant si j'avais déjeuné. Sur ma réponse négative il m'a conduit au réfectoire où une Compagnie était attablée. A notre entrée, un caporal a commandé « Attention » et tout le monde s'est levé pour le salut. On m'a désigné une place et l'Adjudant a adressé quelques paroles aux Chasseurs qui m'ont poussé de la nourriture de toutes les tables. Le repas consistait en une bonne soupe grasse, du macaroni en sauce avec du bœuf rôti. Sur chaque table se trouvaient deux carafes remplies d'eau, avec des verres. La salle, les tables, chaises, bouteilles, assiettes et plats étaient d'une propreté extrême. C'est le premier repas que j'ai fait comme soldat français, car, quoique en civil, je faisais déjà partie de l'armée française.

Déjà, au 3ᵉ jour, il est arrivé trois nouveaux compagnons, mais qui ne comprenaient pas l'allemand.

Le 10 octobre, nous quatre avons quitté, sans aucune escorte, Besançon, avec le train qui nous menait vers le Sud. On nous avait pris un billet jusqu'à Lyon ; l'argent nécessaire pour continuer le voyage jusqu'à Marseille, plus 2ᶠʳ,50 pour notre nourriture nous a été compté sur la main. Gais et contents, nous nous lancions dans l'inconnu, car, dans notre candeur, le ciel français nous semblait garni de violons.

A la gare de Marseille, nous étions reçus par un sergent qui nous réclama nos papiers et nous conduisit ensuite au fort Saint-Jean, près du port. Les jeunes recrues y étaient en grand nombre : des Suisses allemands, des Autrichiens, et enfin des frères de la patrie allemande. On y rencontrait des vagabonds en loques, des ivrognes au nez cuivré, des comédiens, des déserteurs belges, en uniforme complet; mais aussi des messieurs en chapeau haute forme, à pince-nez, et ayant des bagues précieuses aux doigts. Notre enthousiasme qui ne s'était pas encore dissipé, malgré quelques petits désagréments, a dégringolé au-dessous de zéro en apercevant quelques Légionnaires allemands rapatriés récemment du Tonkin. Grelottant de fièvre, amaigris, ces fantômes à figures jaunes comme de la cire, étaient assis sur un banc et racontaient aux curieux leurs aventures, les dangers et les privations qu'ils ont subis dans la brousse de l'Extrême-Orient. Les descriptions horribles de ces gens m'ont tiré complètement du ciel.

Parmi les recrues jetées là pêle-mêle, deux grands gaillards avec lesquels j'avais, sous le rapport de la taille, quelque ressemblance, attirèrent tout particulièrement mon attention. Ils ne se mêlaient pas avec les autres, et, ainsi que moi, ne prenaient point part à leurs gamineries. Ils se promenaient de long en large en devisant. A juger d'après leurs manières et leurs costumes, ils devaient certainement être de bonne famille, ce qui m'a décidé à lier conversation avec eux. J'appris que les deux, quoique sachant parler l'allemand, n'étaient pas des compatriotes. L'un, Russe, était de Riga, et se nommait Paul Muller; il était le fils d'un commerçant très estimé. Ses cheveux blonds et ses yeux bleus ne m'avaient donc pas trompé; il était au moins Russe-Allemand. Dans l'autre, j'ai découvert un sujet de Belgrade, son nom est Rovachoviz; il parlait parfaitement notre langue, avec un léger accent autrichien, pour l'avoir apprise à l'École de commerce de Laibach. Nous nous entretenions toute l'après-midi, car mes deux partenaires étaient

d'un tempérament gai et avaient tous deux déjà
parcouru pas mal de pays, ce qui me les a fait
bien venir. Nous nous décidions de nous entr'ai-
der pour l'avenir, de partager en frères bonheur
et misères, et, pour sceller plus intimement
notre connaissance, nous nous faisions mutuelle-
ment notre biographie.

Muller avait fait avec succès ses études au
Gymnase, et devait entrer à l'Université de
Dorpat; mais un désir caressé depuis longtemps
l'avait conduit, contre le gré de ses parents,
parmi les comédiens; faisant partie d'une troupe
importante d'artistes, il a visité la plupart des
grandes villes de l'Allemagne. Plus tard, il eut
un engagement à Londres, où il a séjourné
pendant deux ans; plus tard, à Paris, qu'il a
habité également pendant deux ans. La vie dé-
bauchée de Paris lui a joué un vilain tour,
comme à bien d'autres; ses gages ne suffisant
pas, il s'endettait, et les secours paternels se
faisant de plus en plus rares, il s'est vu dans
l'obligation de quitter sa place, et après des péré-
grinations aventureuses, il a échoué à la Légion
Étrangère.

Rovakoviz était un fils d'Israël, ce que son teint bronzé, ses yeux noirs et son nez en bec d'aigle m'avait fait supposer. Il était négociant. Il avait fait de bonnes études (entre autres à l'École de commerce de Laibach, comme il est dit plus haut) et il avait fait de grands voyages dans les pays des Balkans, en Autriche, en Italie et en Allemagne. Au moment où il devait succéder à son père, il a été mêlé à un complot politique, et finalement a dû fuir pour ne pas faire connaissance intime avec les casemates de sa ville natale. Sans ressources, il est arrivé à Nice, où sa branche de salut a été la Légion Étrangère. Ainsi étaient réunis au fort Saint-Jean trois enfants du malheur, pour commencer en commun une vie d'aventures; ils ne me cachaient pas qu'ils avaient envisagé la chose sous des couleurs plus brillantes.

Pendant l'après-midi du lendemain, nous recevions la solde pour la traversée en Afrique, et le soir nous étions escortés au lieu d'embarquement. Chacun a été appelé, et à son arrivée sur le bateau : la *Ville d'Oran*, on lui jetait une couverture usée.

Le lendemain nous apercevions à la première heure les côtes montagneuses de l'Algérie qui se détachaient au loin dans l'horizon. Lorsque vers 8 heures la *Ville d'Oran* venait de contourner un petit cap nous apercevions au fond d'une magnifique baie la ville protégée par une masse montagneuse qui s'élève à pic. Oran, la deuxième ville d'Algérie, s'étalait devant nos regards étonnés, et l'étrange cohue qui se produisit à notre arrivée, faisait surtout sur nous, les nouveaux, une impression profonde.

« Par le flanc droit. Droite. » A ce commandement, nous étions *comme le bœuf au pied de la montagne*, car très peu d'entre nous avaient eu une grammaire en main, et n'avaient pas la moindre notion de la langue française. Par instinct, nous savions qu'il s'agissait de tourner soit à droite, soit à gauche, ce que chacun fit au hasard; le mouvement terminé, il y en avait qui étaient nez contre nez, d'autres qui se tournaient le dos, ce qui provoquait un rire homérique de la part des badauds, et blessait profondément les futurs fils de Mars.

Le fort Sainte-Thérèse s'élève sur un rocher

qui domine la mer d'une hauteur considérable.
En y entrant, nous étions entourés de culottes
rouges. Tous les hommes parlaient l'allemand.
C'étaient des gens qui avaient terminé leur cinq
ans de service, et attendaient le premier bateau
pour retourner en Europe. Leurs figures mar-
tiales, hâlées par le soleil, dénotaient une vie
riche en exploits. Les récits de ces aventures
nous fascinaient.

Le lendemain à la première heure nous étions
à la gare pour notre dernier voyage vers la garnison de la Légion Étrangère. Vers midi, nous
apercevions enfin dans une vaste plaine, entourée au sud par des mamelons boisés, au nord par
une chaîne de montagnes nues, la ville de Sidi-
bel-Abbès, le but de notre voyage. En contraste
avec le pays désert que nous venions de par-
courir, la contrée devenait charmante. Une
épaisse ceinture d'arbres nous cachait les maisons; quelques rares pignons et un clocher
émergeaient de la verdure. Aussi loin que nous
pouvions voir, les environs n'étaient que des
vignobles ininterrompus, au milieu desquels
étaient situées des fermes riantes, entourées de

gigantesques aloès et de figuiers de Barbarie.

Comme au port d'Oran, nous étions attendus par des sous-officiers qui nous conduisaient en ville; en passant par une longue allée de platanes, nous arrivions à la porte d'Oran. Les maisons de l'intérieur de la ville me rappelaient celles de Provence; mais je m'apercevais bientôt que nous nous trouvions dans une ville espagnole, car on n'entendait que cette langue et les gens que nous rencontrions avaient le type sombre de la péninsule Ibérique.

Bientôt, nous nous trouvions devant un grand bâtiment à trois étages; c'était la caserne de la Légion. Une grande et large grille s'est ouverte devant nous, et, tremblants, nous entrons.

Les hommes de garde, tous très jeunes gens qui avaient des figures bien allemandes, nous regardaient d'un air curieux. De tous les coins, il arrivait des soldats oisifs pour voir s'il n'y avait point une connaissance parmi les nouveaux arrivés : « Y a-t-il un Saxon? Un Berlinois? Un Suisse? Un Wurtembergeois? » questions qui s'entre-croisaient de tous les côtés. Il arrivait ici comme à la première fête de Pentecôte : chacun pouvait entendre le patois de son pays ; originaires de la mer du Nord ou du lac des Quatre-Cantons, de Siebenburgen ou d'Alsace.

On nous a habillés le même jour. Nous faisions définitivement partie du 19e Corps d'armée français.

LA GARNISON DE LA LÉGION

Sidi-Bel-Abbès est située dans une plaine
entourée d'une chaîne de mamelons et de montagnes, et arrosée par une rivière tortueuse « La
Mekerra ». Au sud, on aperçoit une bande boisée
de la forêt de Baya; tandis que vers le nord-ouest
l'horizon est limité par des chaînes de montagné
du Petit-Atlas. Le Djebel Tessalah, en forme de
cône, qui s'élève à environ deux lieues au nord-
ouest de Sidi-Bel-Abbès, domine toute la contrée et lui donne un cachet romantique. Tout
autour de la ville s'étend une ceinture de villages
et de fermes, avec des vignobles très étendus;
même sur la montagne nommée plus haut, on
aperçoit un village important. La contrée peut
être considérée sans conteste comme une des
plus belles de l'Algérie.

La ville même est construite en carré, entourée d'un mur massif de 6 à 8 mètres de hauteur percé par des portes aux quatre points cardinaux. Ces portes sont baptisées du nom des villes situées dans ces directions. La porte Est est la porte de Mascara, celle du Sud la porte de Daya, celle de l'Ouest la porte de Tlemcen, et celle du Nord la porte d'Oran. Deux grandes voies qui se croisent au centre de la ville partagent celle-ci en quatre grands quartiers qui sont subdivisés par des rues nombreuses.

Les bâtiments ne sont pour la plupart composés que d'un rez-de-chaussée et d'un premier étage, comme dans le midi de la France et en Italie, et couverts de tuiles creuses; suivant la mode orientale, il se trouve une cour pavée à l'intérieur, et ils contiennent vers la rue des cantines, épiceries ou caves, tandis que le premier qui est généralement orné d'un balcon en fer sert de logement. A côté de ces petits bâtiments, on aperçoit souvent de grandes constructions à trois étages, qui peuvent rivaliser avec celles des plus grandes villes de l'Europe. Les plus remarquables sont les casernes de la Lé-

gion et des Spahis, l'Hôpital militaire et l'Hôtel
de ville.

La ville est d'un style moderne et d'une propreté extrême, par contraste avec les faubourgs
où la population pauvre, espagnole et indigène,
a son refuge. Le village nègre est le *nec plus
ultra* de la malpropreté; là les fils de Cham et
d'Israël sont serrés dans des habitations qui
ressemblent à s'y méprendre à des cubes en
pierre. Le passant aperçoit de temps en temps
une femme arabe enveloppée dans des linges
blancs, ou bien d'affreuses négresses dont les
allures mystérieuses correspondent à ces constructions sordides.

Derrière, et tout près de ce monceau d'ordures
et d'excréments, se trouve le grand cimetière de
la ville. A l'ombre des sombres cyprès et des
saules se trouvent des sépulcres et des monu-
ments construits avec art; mais de pauvres croix
de bois sont répandues sur les tombes des soldats. Presque la moitié du cimetière est occupée
par d'anciens Légionnaires; à perte de vue
s'étendent des rangées de croix noires. Sur cha-
cune d'elles on aperçoit, suivant une coutume

qui existe en France, une flamme symbolisant la lumière éternelle. En langue française, il y est inscrit le nom, le jour du décès, l'âge et le régiment du défunt. Des centaines de jeunes Allemands sont enterrés là, qui ont quitté leur patrie inconsciemment et par ignorance, pour se sacrifier aux intérêts d'un pays étranger, même ennemi. Combien de chagrins et de deuils ces malheureux ont emporté dans leurs tombes !

Au faubourg Perrin se trouve un cimetière arabe sur lequel s'élève une petite mosquée. Là se trouve le tombeau de Sidi-Bel-Abbès, derviche vénéré auquel la ville doit son nom. Dans le temps il n'existait que le tombeau, et ce n'est que depuis quelques décades que la colonie s'est formée autour.

UN COUP D'ŒIL
SUR LA LÉGION ÉTRANGÈRE

La Légion étrangère est, ainsi que l'indique le nom, un corps de troupes composé d'étrangers; ni dans l'Ancien, ni dans le Nouveau Monde, ne se trouve un assemblage de toutes les nationalités comme à la Légion. C'est le rendez-vous international de tous les chevaliers d'industrie, des aventuriers et des grandeurs déchues. Chaque pays d'Europe, depuis la froide Norvège jusqu'à la chaude Italie, depuis le Volga jusqu'à la Tamise, y a ses représentants; les républiques de l'Amérique aussi bien que l'archipel de l'Asie. Le nègre est le frère d'armes du blanc; le juif et le chrétien se coudoient au service de la France. Si toutes les tribus du globe y sont représentées, il en est de même de toutes les couches de la société ; la différence de classe est complètement abolie. Le noble, l'ancien officier, l'étudiant, l'artiste, se trouvent au même rang que le plus vulgaire criminel ou vagabond. Beaucoup de ces compagnons douteux portent un faux nom, et plus d'un d'entre eux a déjà frisé la guillotine (*sic*).

Pour démontrer mieux le cosmopolitisme du matériel humain de la Légion, je cite l'exemple suivant : L'escouade dont je faisais partie comptait à son effectif un Abyssinien, deux Grecs, un Bohémien, un Hongrois, un Polonais, trois Danois, plus des Italiens, des Belges et des Allemands. A ma Compagnie, il y avait plusieurs nobles. Entre autres noms blasonnés, j'ai connu au bataillon un Légionnaire, Von Baudissin, un de Laroche, un von Sochynsky. J'ai connu également beaucoup d'anciens officiers allemands et autrichiens. Je ne citerai que le nom du sieur Junghaus qui, d'après la rumeur, était le frère du fameux auteur Sophie Junghaus, ancien lieutenant d'un régiment en garnison à Wesel, et qui est enfin parvenu à « jouer de la grosse caisse » à la Musique de la Légion.

Plus à plaindre que ceux qui mouraient des
maladies, étaient ceux qui finissaient par le suicide ou qui succombaient aux suites de leurs
vices. J'ai eu le spectacle d'un camarade, fils
d'une bonne famille, qui s'est tiré un beau matin un coup de revolver au cœur. Un jeune Alsacien de 19 ans s'est noyé dans une mare pendant
notre séjour sur les hauts plateaux; il souffrait
de la nostalgie. Au camp du dépôt toute une
escouade s'est enivrée d'une façon si bestiale que
deux hommes ont été trouvés morts dans la tente
le lendemain. D'autres ivrognes cherchaient une
fois querelle aux indigènes; on s'est servi des
armes et le résultat a été qu'un des nôtres a dû
être enlevé, le crâne fracassé. Bien des fois j'ai
vu transporter au quartier des soldats ivres-morts
sur des charrettes. Quelques gaillards irascibles
étaient même dangereux dans leur ivresse; dans
une tente je n'osais m'endormir quand un certain « vieux » était sorti le soir muni d'argent,
car il avait l'habitude, dans la fumée de son
ivresse, de chercher querelle au premier venu
et de dégainer aussitôt. Chaque habitant de la
tente avait pris l'habitude de placer sa baïonnette

nue sous l'oreiller pour l'avoir sous la main en cas de besoin. Dans chaque escouade, il se trouve de ces individus dangereux.

On peut se rendre compte de l'importance des arrivages à la Légion, par ce fait que tous les trois mois il est expédié en Extrême-Orient un détachement de 600 à 800 hommes. De ces malheureux, très peu s'en retournent, car le grand cimetière *Tonkin* en réclame des centaines chaque année. Nulle part, on n'est familier avec « l'homme à la faux » comme à la Légion. Depuis qu'elle existe, elle a certainement fourni plus de victimes que bien des épidémies. En Algérie, sur les montagnes de la Kabylie et dans les steppes de sable, en Crimée, au Mexique, sur les champs de bataille de l'Italie du Nord, des milliers de Légionnaires dorment du dernier sommeil. Le plus triste pour le « patriote » est la circonstance que la plupart sont des Allemands (*sic*).

LE RETOUR AU PAYS[1]

Un beau jour, on nous communiqua que tous les Légionnaires qui avaient fait plus de la moitié de leur temps, et ayant été au feu au Dahomey, pouvaient obtenir leur congé, à la condition, toutefois, de fournir l'argent nécessaire au rapatriement. Quelle joie pour ceux que cette mesure bienveillante concernait! Et, Dieu merci, j'étais du nombre, mais je ne possédais pas un maravedis. J'avais cependant confiance en mon étoile, et je pensais que jamais le bon Dieu n'abandonnait un Allemand. J'avais raison, car avec peu d'argent, je pus partir.

Je déclarai aussitôt avoir des parents en Italie; je pouvais bien me permettre ce mensonge,

1. Jocay, comme disent ses états de service, vient de faire campagne au Dahomey.

puisqu'il devait me libérer deux ans et demi plus tôt, et je me fis fort de réunir l'argent nécessaire pour mon voyage jusqu'à la frontière italienne. Huit jours après, tout était réglé. Nous avions reçu une tenue d'infanterie de marine, l'argent de voyage pour un jour, et nos papiers. Gaiement, nous nous dirigeâmes vers Cannes, tandis que nos camarades nous regardaient d'un air triste.

Je ne fus pourtant pas très à mon aise, lorsqu'après le payement de mon billet pour Nice, je m'aperçus qu'il ne me restait que quelques francs. Nous étions deux. Mon compagnon était un Juif de la Sardaigne qui avait 40 ans bien sonnés. Je ne sais ce qui a pu le conduire en Afrique. A Nice, nous nous séparâmes; lui prit le bateau pour son île, pendant que j'admirais la ville. C'était précisément l'époque de la saison des hiverneurs. Tout ce monde se promenait par bandes sur les promenades et le quai. Je me choisis une place sur un banc, au milieu de la promenade des Anglais, et, de là, j'admirais les magnifiques allées de palmiers. Plus d'un riche Allemand passa devant moi, sans se douter que mon uniforme français cachait un enfant de la Forêt Noire. Je me sentais heureux d'être libre, enfin! Malgré mon uniforme, je n'avais plus affaire avec l'armée française! Tout d'un coup, l'idée me vint de faire à pied le trajet jusqu'à San Remo; je pris aussitôt la route qui longe les Alpes Maritimes, par Monaco et Menton.

Plus d'un aurait perdu courage à ma place : se trouver sur les bords de la Méditerranée, avec sept francs en poche, pour gagner Larrach en douze jours, en passant par Gênes, Milan et le Saint-Gothard, Lucerne et Bâle.

Après avoir visité Nice à mon aise, je pris la belle route départementale qui serpente à travers des hauteurs couvertes de jardins, et d'où l'on jouit d'une vue magnifique. Je ralentis mon pas pour admirer ces merveilles : sur une grande place, la garnison de la forteresse s'exerçait, les commandements et les signaux arrivaient jusqu'à moi, et je remerciais Dieu et le ministre de la guerre de France d'en être quitte.

Je rejoignis bientôt la grand'route qui contourne la montagne, et que j'avais quittée pour prendre la traverse. Au-dessous de moi s'étendaient la mer dont les vagues baignaient de formidables rochers.

Vers le soir, à un détour de la route, j'eus tout à coup sous les yeux Monaco, l'Eldorado des joueurs. Certes, ce nid de malheur n'aurait pas pu trouver un meilleur emplacement. Les plus puissants géants se sont placés derrière, et ont l'air de monter la faction. De la route où je me trouvais, je vis la cité à vol d'oiseau, il me fut même facile d'en apercevoir toutes les rues. De grandes affiches annonçaient qu'Adelina Patti se ferait entendre le soir même. Je remarquai aussi de nombreux agents de police, coiffés du tricorne, qui veillaient avec sollicitude à ce qu'il n'arrivât rien de désagréable aux fainéants distingués qui perdent plus d'argent en un jour qu'un simple ouvrier pourrait en gagner en toute sa vie.

Que faire? Séjourner dans un hôtel n'eût pas été prudent. Je me plaçai donc, en attendant, sous le porche d'une église, faisant des réflexions amères sur les voyages sans argent. Tout à coup je sortis de ma torpeur : un guerrier pouvait-il se décourager pour si peu? Combien de fois n'ai-je pas logé gratis au grand hôtel de la

nature, sous la protection de Dieu, et pourquoi
n'y logerais-je pas encore? Déjà, il faisait sombre
lorsque je quittai mon abri pour me rendre au
dehors de la ville, où je découvris un hangar
d'entrepreneur. Sans hésiter, je me glissai des-
sous.

De bon matin, je me levai et me dirigeai vers
Menton. Je pensais à cette cantatrice qui, la
veille au soir, avait probablement reçu des milliers de francs pour quelques chansons, tandis
que moi, qui avais sacrifié une partie de ma vie
au service de la « Grande Nation », j'avais dû
passer la nuit sous une misérable baraque. J'arrivai à Menton au jour levant. Dans la caserne
des Chasseurs Alpins, on sonnait justement le
café; une tasse m'aurait fait du bien. Pensant
me réchauffer, j'entrai dans une auberge pour
déguster quelque chose. Ensuite je m'achetai
un chapeau et un pantalon de civil, puis j'en-
levai les boutons jaunes et les passepoils rouges
de ma vareuse, ce qui me transforma en bourgeois. Il m'était nécessaire d'agir ainsi, étant sur
le point de me rendre en Italie, où ma tenue militaire m'aurait occasionné des difficultés.

Vers 9 heures, je continuai mon chemin, et j'arrivai à la frontière un quart d'heure après avoir dépassé la dernière ville française qui se trouve sur une éminence. Avec quel soulagement je franchis cette frontière! A midi, j'arrivais à la forteresse de Vintimille, mais avant d'entrer dans cette ville, je fis une intéressante rencontre, celle d'un jeune homme, convenablement habillé, et ayant si bien le type allemand, que je ne pus m'empêcher de l'accoster. Il ne me répondit pas un mot, mais il me fit comprendre par gestes qu'il était sourd et muet, et sortit aussitôt de sa poche un papier et un crayon. Je ne m'étais pas trompé, je voyais là une belle écriture allemande qui m'apprit qu'il était marchand à Lubek, mais qu'aujourd'hui, sans place, il voyageait au hasard, vers Nice. Nous prîmes place sur un mur de soutènement, en fumant des cigarettes, et correspondîmes en allemand.

Au village de Bordighera, derrière Vintimille, je pris l'omnibus jusqu'à San Remo. Au galop, on montait d'abord pour descendre ensuite et longer le bord de la mer. Arrivé à San Remo, ma première démarche fut pour le vice-consul allemand auquel je soumis ma situation. Par son intervention, je reçus un billet de chemin de fer jusqu'à Savonne. Là, j'eus le bonheur de rencontrer des matelots allemands qui appartenaient à un vapeur hambourgeois mouillé dans le port. Ils m'invitèrent à me rendre sur leur bateau. Pour la première fois depuis de longues années, je mangeais avec des compatriotes, et je dormais sur le sol allemand. Je reçus de nouveau un billet pour Gênes; ce trajet en chemin de fer est admirable : on longe constamment la côte.

Par un temps splendide, j'arrivai dans la vieille ville génoise, et les deux jours que j'y passai ne me permirent pas de la visiter complètement; de plus, je me perdis deux fois dans le labyrinthe de ses rues.

Par la bienveillance du consul général allemand de cette ville, je reçus un billet jusqu'à la frontière suisse. Lorsque je pris le train à Milan, il tombait de la neige; je m'arrêtai un seul jour, pressé de revoir ma chère Allemagne.

Pendant le trajet de Milan à Chiasso, je fis la connaissance d'un marchand de bestiaux wurtembergeois qui me fit monter dans son compartiment et me prit comme bouvier. Arrivé à Zurich, je pris congé de cet homme aimable, et avec ce qui me restait en poche je pris un billet pour Bâle. Il y avait douze jours que j'avais quitté Cannes. Tout le passé me semblait être un rêve. J'embrassai, en rentrant dans ma patrie, le poteau frontière rouge et jaune.

Le douanier qui m'invita à faire visiter mon paquet me rappela à la réalité. Mon cœur bondit de joie, lorsqu'un quart d'heure plus tard je fis mon entrée dans Larrach. Tant que je vivrai, jamais je n'oublierai cette journée de février.

Signé : JOCAY.

(Traduction de l'allemand par M. l'Adjudant Schaeffer.)

Psychiâtrie

Psychiâtrie

L'année dernière, l'éminent docteur **A.** Marie publia une étude sur les aliénés des régiments étrangers, qui fit grand bruit dans le monde scientifique et littéraire. A mon tour, j'eus l'occasion de la lire. Certains extraits de mes articles du *Journal* y étaient cités, notamment à propos de la maladie du « cafard ».

Le docteur a considéré surtout l'infirmerie, il l'a étudiée professionnellement. De là ce titre : *les Aliénés*, dont il ne faut pas qu'on s'effraie, car ils sont en très petit nombre. Cette minorité, toutefois, apporte dans les compagnies des ferments redoutables, qu'on peut supprimer, qui pourront, du moins, devenir de plus en plus rares. Comment ? Par l'élimination des malades de toutes sortes, notamment des chétifs, dès le premier jour de leur engagement, et par d'autres moyens encore, qu'on devinera mieux après avoir lu ces pages émouvantes. Pour faire accueillir le remède, dévoilons, expliquons le mal. Il est circonscrit, mais terrible, et le docteur Marie, avec force, le présente sous un aspect qui avertira heureusement les autorités militaires.

LES ALIÉNÉS
DE LA LÉGION ÉTRANGÈRE

Par le Dr A. MARIE

Médecin en chef de l'Asile de Villejuif.

Appelé pour le service de la colonisation familiale à examiner les aliénés de la Seine placés à l'asile départemental de l'Allier, j'ai eu l'occasion, grâce à l'extrême amabilité de mon collègue, le sympathique Dr Nollé, d'étudier les aliénés réformés de la Légion étrangère par le ministère de la guerre. Ces malades, d'origine étrangère ou inconnue, sont réformés par les conseils militaires d'Afrique; débarqués à l'asile de Marseille, ils sont transférés de là à l'asile central de Moulins par le ministère de l'intérieur, à la charge duquel ils tombent.

En effet, ces malades sont souvent des réfractaires dans leur propre pays, quand ils n'y ont pas commis d'autres méfaits. Comme engagés au service de la France, ils peuvent acquérir les droits de Français, en tout cas, celui à l'assistance leur est dû, s'ils tombent frappés d'une maladie, comme l'aliénation mentale, qu'on peut supposer causée par leur service colonial exceptionnel. Comme nous le verrons, ce service ne saurait être incriminé, puisque, dès le début, avant même l'envoi en campagne, certains sont reconnus malades et réformés avant les épreuves rudes dont nous parlons. (Tels sont deux malades réformés à l'âge de dix-neuf ans.) D'autres tombent malades après les rigueurs d'une guerre lointaine, dont les privations n'ont fait que déceler la tare latente.

C'est ainsi que deux de nos malades avaient été internés à plusieurs reprises et s'étaient engagés après évasion de l'asile.

D'autres, après avoir été réformés et internés, se sont réengagés sous d'autres noms. D'autres enfin étaient porteurs de stigmates physiques de dégénérescence; trois portaient des signes de névrose hystérique et la majorité présentait des syndromes psychiques dégénératifs.

A vrai dire, le fait même de s'enrôler sous les drapeaux de la Légion est déjà souvent pour ces malades un signe caractéristique de leur état de déséquilibration antérieure. Au moins les incartades qui les acculèrent à cette extrémité furent-elles les signes indubitables d'une insociabilité et d'un défaut d'adaptation pathognomonique de certaines dégénérescences.

Lorsque l'engagement n'a pas été rendu fatal par un concours de circonstances extérieures, cette façon de sortir de la société ordinaire par une tangente insolite n'en dénote pas moins chez ces déracinés volontaires une anomalie intrinsèque. En d'autres termes, il paraît y avoir à l'origine de ces engagements deux grands ordres de causes : les unes extérieures à l'individu (circonstances sociales ou de famille) et les autres inhérentes à l'individu (à son état moral et à son insociabilité), les dernières, d'ailleurs, pouvant entraîner les premières par une réaction naturelle du milieu par rapport à l'individu à éliminer.

Je ne voudrais pas pour cela prétendre que tous ceux qui prennent rang dans la Légion étrangère soient des déséquilibrés. D'autre part, la folie peut être le résultat du surmenage physique sous des climats mortels, ainsi que des secousses morales qui disloquent les ressorts de l'énergie humaine et telles qu'en peut éprouver un Européen brusquement mis aux prises avec ce que la barbarie a de plus effrayant, que ce soit dans une guerre asiatique, dahoméenne ou canaque.

On s'en rendra mieux compte par le tableau suivant des états de service comparés de nos malades :

OBSERVATION 7. — *Tonkin.*
       —   8. — Dahomey.
       —   13. — *Tonkin.*
       —   17. — *Tonkin,* Siam, etc. (14 ans).
       —   27. — *Tonkin.*
       —   28. — Sud-Oranais.
       —   29. —   —
       —   33. —   —
       —   37. — Madagascar.
       —   38. —   —
       —   40. — *Tonkin.*
       —   42. — *Tonkin* et Madagascar.
       —   45. — *Tonkin.*
       —   47. — *Tonkin.*
       —   50. — Batavia.
       —   51. — *Tonkin* et Madagascar.
       —   52. — Maroc.

Six de ces malades étaient titulaires de la médaille coloniale avec agrafe de une ou plusieurs colonies, témoignant qu'ils y avaient fait une ou plusieurs campagnes de guerre complètes.

Beaucoup de réfractaires alsaciens-lorrains passent en France pour ne pas servir sous le drapeau allemand. Il est évident ici que le motif de ces enrôlements relève d'un sentiment élevé et profondément touchant. D'ailleurs *aucun des légionnaires aliénés dont nous avons pu relever le cas n'appartenait à cette catégorie.*

Durant la campagne de Madagascar, où cependant on avait cru pouvoir mettre en ligne des troupes ordinaires de l'armée continentale bien françaises et recrutées par le sort, plusieurs cas de délire aigu se produisirent dans les ambulances, où sévit la mortalité effrayante que l'on sait. C'est ce qui m'a été affirmé par mon confrère, le Dᵣ Bourdon, médecin de la marine, attaché à ces ambulances.

Là, les privations de toute nature, le surmenage physique extrême, le choc moral du dépaysement et le climat paludéen firent délirer des individus normaux dans la force du jeune âge. J'ai eu moi-même occasion d'observer un malade frappé de démence précoce au Sénégal, comme gardien de phare au service des colonies, après cinq ans de service militaire. Encore est-il que dans bien des cas une certaine prédisposition préalable peut de même être soutenue.

Toujours est-il que pour ceux qui nous occupent, il semble plus juste de penser qu'ils entrèrent dans la Légion étrangère parce qu'ils étaient aliénés *et non qu'ils furent aliénés parce que légionnaires*. Ce qui suit, croyons-nous, le prouve.

L'école italienne, sous une forme pittoresque, exprime la même façon de voir lorsqu'elle considère ces cas comme ataviques. Par un retour ancestral à la période nomade guerrière, certains individus reproduiront le sauvage sous l'écorce d'un civilisé bien plus apte à la vie rude de la brousse au contact des sauvages actuels qu'à la société compliquée nécessaire à d'autres. Les brutalités d'une continuelle guerre sans merci leur conviennent et même leur sont tellement nécessaires que le bien-être de la vie de garnison en temps de paix leur est insupportable.

C'est ce que prouve Georges d'Esparbès dans son curieux article intitulé « le Cafard », consacré aux Légionnaires.

« Voici le vœu de ces 12 000 hommes ; traitement du Cafard : tout, même les mauvais traitements, les colonies et leurs fièvres, leurs balles, leurs coups de lances, leur grand air, leur soif, leur faim, leurs fatigues, leur désespoir et leur liberté. Tout cela, oui, sauf la caserne, sauf ce monotone repos des cages, qui fait mourir les tigres d'ennui. »

J'ai eu occasion d'observer à l'asile de l'Eure un officier de réserve pris d'excitation maniaque au début des grandes manœuvres. C'était un légionnaire d'origine suisse, libéré après trois rengagements, avec pension et médaille militaire, malgré une désertion antérieure à prétexte passionnel. Ses états de service au Tonkin et dans le Sud-Oranais étaient superbes ; malheureusement les manœuvres ordinaires ne fournissaient pas un champ suffisant à son tempérament. Dès le début, n'écoutant que sa fougue, l'absinthe aidant, il s'était emparé d'une batterie d'artillerie, que la prévôté avait eu grand'peine à lui reprendre sans accident fâcheux. Le même déchaînement d'impulsions folles qui avait produit ailleurs des actions d'éclat, n'aboutit ici qu'à l'internement.

Zola, dans un ordre d'idées voisin, parle d'enfants perdus formant de vrais clans de sauvages, lâchés en pleine civilisation, où ils vivent hors la loi, comme des portées de fauves battant la forêt ancestrale, bêtes humaines retournées à l'état de nature, en proie aux instincts antiques de pillage et de carnage. (*Fécondité*, p. 630.)

Enrôlés dans les légions étrangères ou la marine, voire même aux bataillons d'Afrique, que leurs antécédents leur imposent souvent, ces êtres y trouvent l'application de tendances incoercibles à l'agression, à l'homicide.

« Il y a au 2e régiment un vieux légionnaire qui fit le Mexique dans les guérillas, et qui ne se souvient plus, lorsqu'on l'interroge, s'il fit cette campagne *avec* ou *contre* nous. » (G. d'Esparbès.)

Ball, au chapitre V, « Des impulsions irrésistibles », de ses leçons, rapporte une observation analogue non moins caractéristique[1].

1. C'est un héréditaire remarquable dès l'enfance par un goût spécial pour tout ce qui pouvait rappeler les idées de destruction, de meurtre et d'assassinat; dessinateur, il figurait toujours des massacres. Lors des émeutes de 1830, et bien qu'enfant, il y prend part, recherchant la vue des cadavres, le sang répandu.

Épris de l'histoire du vieux Paris, il y recherche les souvenirs d'événements tragiques et des endroits qui en furent le théâtre. Duelliste et gymnaste, il tue une femme sous prétexte de jalousie, avec un sang-froid qui dément toute passion. Après dix ans de bagne, il rentre pour prendre part à la révolution de 48; à la barricade de la rue Saint-Honoré, sur la place du Palais-Royal, il s'installe commodément et tire sur les malheureux soldats qui défendaient le poste dit du Château-d'Eau.

Les journaux ont parlé de plusieurs de ces hommes qui avaient eu les carotides coupées par une balle à la région du cou. « B... en avait ainsi touché six, il était allé le reconnaître après l'affaire. »

En juin, à la barricade de la rue des Noyers, il tire sur les mobiles, et il en tue jusqu'au moment où, malgré ses précautions, il est atteint dans le flanc d'une balle qui lui fait une horrible blessure.

Au coup d'État, il fut l'un des combattants de la barricade de la porte Saint-Denis.

Puis, mis en appétit, mais prévoyant qu'il n'y aurait rien en France de longtemps, il part pour la Californie, et là cet élégant se fait homme d'escorte, c'est-à-dire que pendant plusieurs mois, il court les bois pour tirer sur les Indiens. Enfin, pour un motif qu'il n'a jamais dit, mais qui vraisemblablement se rattache à quelque épisode de sang, il quitte précipitamment l'Amérique et revient en France où il mourut d'une *affection cérébrale*. Absolument étranger à toute opinion politique, s'il tirait sur les soldats, c'était uniquement pour assouvir sa passion dominante, le besoin de tuer.

La guerre moderne ordinaire, à défaut de guerre civile, ne fournirait pas de satisfaction complète à ces instinctifs, avec ses procédés savants et l'inutilité des audaces héroïquement folles dont certains sont susceptibles à l'occasion.

La guerre sauvage des colonies les attire, et, à voir quelques-uns de ces hommes, on sent bien qu'ils sont proches des barbares qu'ils ont combattus, auxquels ils empruntent d'ailleurs jusqu'aux tatouages dont il est fréquent de leur voir le corps entièrement recouvert.

Plusieurs des aliénés que nous avons étudiés portaient des tatouages de ce genre; nous en avons plusieurs photographies typiques à ce point de vue. Or ces tatouages ont été faits pour la plupart, non pas aux colonies, et sous l'influence de l'exemple des naturels, mais dans les loisirs de l'existence énigmatique menée dans les bas-fonds des grandes villes d'Europe. C'est là, d'ailleurs, un fait d'observation banale, que tous les médecins de prisons ont signalé, que le tatouage primitif persiste en Europe précisément dans cette portion des populations urbaines que les prisons et les bagnes leur permettent d'observer, aussi bien pour les femmes que pour les hommes, d'ailleurs.

G. d'Esparbès n'a pas omis ce détail : « Le cafard est artiste, dit-il, il tatoue. J'ai la photographie d'un légionnaire où se voit, peinte au pointillé, sur le thorax, une femme étendue et nue, qui semble écarter de la main quelque rêve trop amoureux, tandis que trois amours, l'aile ouverte, s'amusent de sa confusion ; et c'est intitulé : *le réveil de Vénus.* Un autre homme s'est déshabillé devant moi, et j'ai pu suivre, en tournant autour de son corps, les divers incidents d'une impressionnante chasse au renard ; une meute de soixante chiens spiralait ses jambes, sautait sur ses bras, cernait son cou, dégringolait sur sa poitrine avec les piqueurs à cheval escortés d'un carrosse de dames, gravissait les fesses et redescendait au galop vers la tannière innommable d'où ne pointait plus, du renard déjà engouffré, qu'un rigide et imperceptible bout de queue bleue. Chef-d'œuvre ! »

Si aucun des légionnaires aliénés que nous avons observés n'était alsacien-lorrain, en revanche trente sur soixante-sept étaient alle-

mands, de diverses parties de l'Allemagne proprement dite et enrôlés après désertion de leur
propre pays, souvent, sans causes graves d'ailleurs, à notre connaissance du moins, par simple
goût des aventures et instabilité mentale.

Des individus s'enrôlent successivement dans
leur pays d'origine, puis dans la Légion, sans
déserter, et après avoir accompli un service ré-
gulier chez eux; ils préfèrent s'engager ailleurs
par goût du changement, au lieu de s'engager
chez eux avec plus de profit.

« J'ai vu, dit toujours d'Esparbès, la barbe à
deux pointes d'un vieux tambour allemand, qui
fit un congé en France vers 1875, s'en alla servir.
en Allemagne, où il prit son deuxième congé,
revint en accomplir un autre à la Légion, et retourna en Prusse pour gagner le quatrième. On
le revit enfin à Bel-Abbès, d'où il va sortir pensionné. Certificat : quinze ans de France, quinze
ans d'Allemagne, six congés avec retraite, et des
faits d'armes. Argent français et argent allemand,
honnêteté ici, honnêteté là, bravoure partout.
Bah! que vaut le reste? »

Un autre malade est un ancien capitaine de

l'armée suisse, réformé comme aliéné, et évadé des asiles de Suisse pour s'engager dans la Légion étrangère. Il est réformé encore et réinterné, puis rendu aux asiles suisses après une alliance bizarre avec une famille de névropathes à laquelle il a communiqué son délire.

Une observation porte sur un ancien militaire belge, décoré pour actions d'éclat; il perd sa pension belge pour s'engager à la Légion; réformé et interné comme fou, il s'évade et s'engage encore sous un nom nouveau; 2ᵉ réforme, 2ᵉ internement et 2ᵉ évasion.

OBS. 22. — Grenadier de Potsdam, engagé à la Légion à sa libération d'Allemagne; réformé comme aliéné, il sort et se réengage: 2ᵉ réforme, 2ᵉ internement.

OBS. 28. — Déserteur allemand engagé à la Légion; il cherche à déserter encore, réforme et internement. A l'asile, ses tendances à l'évasion rappellent ses désertions antérieures.

OBS. 46. — Déserteur allemand, même histoire que le précédent, ses désertions comme ses évasions de l'asile sont causées par des interprétations délirantes. C'est ainsi qu'il disparaît de l'asile, puis y revient ensuite après s'être procuré un livre de messe, cause de sa fugue.

OBS. 50. — Soldat hollandais, déserteur de Java, engagé à la Légion, réformé et interné; rapatrié en Hollande où il est à nouveau interné après conseil de guerre.

OBS. 52. — Allemand déserteur, engagé deux fois à la Légion, malgré une première réforme pour folie périodique (cinq coups de sabre sur le crâne, au Maroc).

OBS. 62. — Italien; évadé de son pays et engagé à la Légion; réformé comme aliéné, s'évade de l'asile pour se rengager sous un faux nom.

OBS. 65. — Suisse, ayant servi aux colonies hollandaises et engagé ensuite à la Légion étrangère française.

D'ailleurs, on peut rapprocher de ces tendances celles non moins typiques de tous ces malades à l'évasion collective et concertée une fois internés à l'asile.

D'Esparbès cite des faits analogues : « Le cafard est dissimulateur : en plein Sud-Oranais, deux Autrichiens qui passaient pour nuls et savaient à peine parler français, abandonnent leur campement la nuit, et s'enfoncent dans les solitudes du « Bled ». Comme ils traversaient la frontière, les gendarmes les pincent, et l'on trouve dans leurs musettes, avec de bonnes cartes, **tout** un portefeuille de renseignements sur le Maroc. Interrogés, ils avouent que « leur cafard voulait voyager ». — Nous sommes d'ex-officiers autrichiens, — ajoutent-ils. Ces messieurs, actuellement, blanchissent les murs de la caserne. Et tant qu'on ne les enverra pas se battre, ils recommenceront. »

Le développement récent de la marine et des colonies allemandes semble en voie de détourner un peu le courant de ces engagements antérieurement dirigés vers notre Légion étrangère.

On en retrouve la trace dans la proportion des Allemands aliénés et réformés comme tels chez nous. Tandis que l'on compte 21 de ces aliénés engagés dans la période 1893-96, on n'en relève plus que 9 pour la période 1896-99.

Il serait curieux de savoir si la proportion des engagements ordinaires reflète une différence analogue à celle relevée sur ceux qui ont été ensuite reconnus aliénés.

Voici, d'ailleurs, la répartition par nationalités des 66 légionnaires aliénés réformés d'avril 1893 à 1899.

Nationalités :

Allemands 30
Belges 13
Suisses 8
Autrichiens-Hongrois 5
Français (?) 3
Italiens 2
Américains 2
Polonais 1
Hollandais 1
Espagnol 1
                          Total 66

Allemands.

Dégénérescence mentale prédominante. 15
États dépressifs mélancoliques 7
États maniaques intermittents 4
Délires systématisés 3
Alcoolisme simple 1
                          Total 30

Par ce premier tableau, on peut déjà constater la fréquence des symptômes dégénératifs au seul point de vue des stigmates physiques constatés ici dans 4 cas. Obs. 8 (Hystéro-épilepsie), 19, 23 *bis* et 36 (hystérie) nous les retrouverons encore chez des légionnaires de nationalité autre.

5 des malades de nationalité allemande étaient des déserteurs probables, car au moment des démarches faites pour leur rapatriement, 5 ont demandé à être évacués sur la Suisse. Nous verrons aussi un Hollandais et un Italien dans le même cas.

Belgique.

Dégénérescence mentale prédominante . 6
Délires systématisés de persécution. . . 5
Démence 1
Alcoolisme délirant 1

13 réformés sont originaires de Belgique. Ici, la colonisation du Congo belge ne semble guère avoir influé, leur nombre étant de 3 de 1893 à 1896 pour 10 dans la période triennale suivante. Peut-être les agitations politiques récentes ont-

elles contribué à déclasser dans ce pays quelques-uns de nos malades, car les aliénés sont enclins à entrer en scène par l'agitation de la rue. C'est du moins ce que nous avons cru démêler dans l'odyssée de deux malades plus ou moins compromis dans des manifestations tumultueuses en Belgique[1].

De l'examen des 13 dossiers, il résulte qu'ils n'ont en réalité trait qu'à 12 individus. En effet, les sujets des observations 6 et 34 ne sont qu'une seule et même personne. Le même militaire belge, pensionné pour action d'éclat lors de l'incendie du Palais-Royal, a contracté un premier engagement en France, a été réformé une première fois et interné, puis porté sortant comme amélioré. Rengagé sous un autre nom, il a été réformé à nouveau, réinterné, puis s'est évadé de l'asile où il avait été reconnu.

Tout autres que les précédentes nous paraissent être, d'une façon générale, les causes qui poussent les Suisses à l'enrôlement sous nos

1. La légion belge constituée si facilement pour la Chine récemment a donné lieu à de véritables émeutes lors de son licenciement.

drapeaux, de même que les Austro-Hongrois et les Polonais.

8 Suisses, 5 Autrichiens ou Hongrois et 1 Polonais, se retrouvent parmi nos militaires aliénés.

On pourrait en effet invoquer ici un atavisme très particulier de la part des Suisses qui, durant tout le moyen âge, fournirent les légions de soldats mercenaires d'Europe. Encore de nos jours il existe des légions suisses à la solde de la papauté; les Écossais qui étaient un peu dans le même cas fournissent aux Anglais le meilleur de leurs troupes coloniales.

Quant aux Hongrois et Polonais, il est permis de rappeler que les premiers houzards étaient des corps de cavaliers hongrois mercenaires, et que dès la révolution, les milices suisses de la monarchie firent place à des régiments de langue allemande et à des légions polonaises et hongroises, véritable origine de nos légions étrangères actuelles.

Pays longtemps opprimés, la Pologne et la Hongrie ont fourni des proscrits nombreux déracinés par raisons politiques, qui croyaient se

préparer à la conquête de l'indépendance nationale en combattant sous d'autres couleurs.

Mais si nous descendons de ces considérations
générales au terre à terre de la clinique, nous
voyons nos 8 aliénés suisses, nos 5 Austro-Hongrois et notre Polonais correspondre aux catégories nosographiques suivantes :

Suisses.

OBS. 1. Persécuté mégalomane et érotomane.

— 2. Persécuté raisonnant à personnalité
       exagérée (internements antérieurs)..

— 3. Débile à idées de persécution.

— 4. Débile à perversions instinctives et
       excitations incohérentes.

— 5. Lypémanie.

— 6. Dégénéré à impulsions violentes et au
       suicide.

— 7. Dégénérescence et alcoolisme.

Austro-Hongrois.

Obs. 1. Mélancolie anxieuse avec idées de persécution et hallucinations panophobiques (crainte des pirates).

— 2. Débile alcoolique.

— 3. Débile avec excitation maniaque incohérente.

— 4. Lypémanie avec hallucinations auditives (alcoolisme).

— 5. Persécuté halluciné avec préoccupations hypochondriaques.

Polonais.

Obs. 1. Débile impulsif à dépression et excitations alternantes.

Pour les légionnaires aliénés de nationalités autres, nous avons un seul Espagnol, vieux récidiviste des conseils de guerre, 1 Hollandais retour de Batavia et des troupes coloniales de

Java, 2 Italiens, 2 Américains et 3 Français,
dont 1 originaire des maquis de Corse : sa mère
serait morte aliénée, sa sœur névrosée : il présente des stigmates physiques de dégénérescence
et aurait été plusieurs fois interné avant l'engagement.

L'un des Italiens semble aussi avoir eu quelques coups de couteau à son actif, car, apprenant
qu'il allait être rapatrié en Italie par les soins
de l'administration des asiles, il s'évada aussitôt
de Moulins.

C'est un de ceux qui se sont ensuite rengagés
à la Légion étrangère sous un nom nouveau.

Des 2 Américains, l'un vient des États-Unis, et
après les campagnes du Sénégal et du Soudan
reste atteint d'anémie palustre et de délire mélancolique chronique avec idées de persécution ;
entre temps il se ranime et prétend alors inventer
une méthode nouvelle de sténographie.

L'autre Américain, soi-disant du sud, serait
un Français du centre atteint de manie intermittente ; il a été réclamé par des personnes de la
Loire, apparemment ses parents.

Aux 3 Français restants il conviendrait peut-être d'ajouter le faux Américain précité et un Allemand soupçonné de ne pas l'être, ancien contrebandier, meurtrier d'un douanier à la frontière.

Toujours est-il que ceux que les dossiers d'origine signalent comme Français se décomposent comme suit :

OBS. 1. — Mélancolie hypocondriaque et idées de persécution, absinthe, *sœur aliénée*.

OBS. 2. — Débile à perversions instinctives et inversion sexuelle, agressif et mutin, dépression et excitation alternantes.

OBS. 3. — Dégénérescence avec délire polymorphe de persécution et de grandeur (inventeur), antécédents héréditaires et personnels.

« La Légion étrangère a un vice : l'alcoolisme, et trois maladies : le paludisme, la syphilis et le cafard. Le tiers de l'effectif, soit 4000 hommes sur 12 000, est troublé par ce minuscule voyageur. Qu'il se pose à cet endroit du cerveau, c'est une facétie qu'il suggère, là c'est l'érotisme, ailleurs c'est la révolte, plus haut c'est la désertion, et ici c'est le vol. L'insecte est redoutable. » (d'Esparbès.)

Les malades que nous avons observés avaient été réformés à la suite d'actes divers, de bizarreries simples qui les avaient fait soumettre directement aux conseils de réforme, et aussi à la suite de désertions, de rébellions ou de délits autres commis dans des conditions telles que l'irresponsabilité avait éclaté aux yeux.

Il n'en semble pas être toujours ainsi, et il est probable que certains individus éliminés, comme indisciplinés et délinquants responsables, sur les compagnies de discipline, voire même fusillés, auraient pu être rangés après examen spécial parmi les aliénés qui nous occupent.

« Ces « crimes » militaires, dit encore d'Esparbès, sont jugés à Oran par un conseil d'artilleurs, d'officiers de ligne et de houzards, qui ne savent rien de ces hommes et les jugent comme ils jugeraient un paysan des environs de Tours. On sera de mon avis, que pour siéger à ce conseil de guerre il faudrait avoir élevé le cafard en boîte, ou en porter en breloque. Il faut avoir vu, il faut connaître.

« Cette troupe ayant un effectif de brigade de 12 000 hommes devrait avoir un conseil de guerre à elle, un *Conseil de Légion*, exclusivement composé de légionnaires officiers. On y appliquerait des peines parfois plus énergiques, souvent moins sévères, toujours plus justes. Et c'est pour cela que la Légion entière demande la mise à l'étude d'un nouveau règlement de discipline. » Il y a là matière à tout un chapitre spécial de la question des aliénés méconnus et condamnés par les tribunaux.

« Ces délires de la fantaisie, provoqués par le travail sourd du « cafard », on en pourrait citer des milliers. Et des réponses à enthousiasmer Aristophane : « Coquin, quel est ce nouveau motif de punition : a uriné la nuit dans la bouche de son supérieur qui dormait? — « Mon capitaine, *c'était pour ne pas salir le casernement.* » (Authentique.) Et cet autre légionnaire, au Tonkin, traité à l'hôpital pour paludisme, qui s'habille en médecin, s'échappe, va visiter le fort Brière-de-l'Isle, et « fourre un savon numéro un à l'officier chef de poste *qui l'a reçu trop froidement* ».

« Le cafard est coquet : deux légionnaires, un Prussien et un Belge, s'évadent de Bel-Abbès pour aller dans le Maroc, y font une absence illégale de huit jours, et rentrent un matin à la caserne, déguisés tous deux en Gardes Françaises. Quand on raconte cette histoire dans les chambrées, personne n'est triste.

« Leur travail vaut une description. Obligés de se cacher le jour et de marcher la nuit, las de tant d'heures inactives, ils avaient conçu le projet d'agrémenter leurs frusques et de rentrer au quartier en bel uniforme. Une touffe d'alfa, un creux de roc furent leur retraite et leur atelier. Là, sans autre ciseau que le tranchant de la baïonnette, ils avaient arrangé en pointe la visière de leur coiffure, coupé leur capote en habit « à ventre de brochet » et ces morceaux de drap inutiles leur avaient fourni des guêtres bleues. Leur pantalon avait eu le même sort; ils l'avaient retourné pour ne laisser voir que la doublure blanche, puis coupé aux genoux, et les gaines inférieures leur avaient donné des bandes de cinq centimètres pour les revers et parements rouges destinés à leurs « basques à la Soubise ». Dans un dernier lambeau de capote, ils avaient coupé des bandes bleues pour la culotte blanche, laquelle, prise dans les guêtres, achevait l'illusion martiale. Seuls au milieu de la caserne, un peu étonnés par le tapage, ils semblaient revenir de Fontenoy. On leur montra la cellule, ils y allèrent sereinement. » (*G. d'Esparbès.*)

Où le terrain dégénératif éclate chez ces prédisposés nombreux à la Légion, c'est sous l'influence de la pierre de touche de l'intoxication alcoolique.

L'alcool agit alors comme réactif révélateur de tares latentes.

Qu'il nous suffise de rappeler que sur nos 67 aliénés, 16 portaient encore à l'asile les traces d'une intoxication alcoolique associée à leur état psychopathique. Chez les autres, bon nombre évidemment avaient bu, mais la persistance de leur délire malgré la disparition des signes de l'intoxication surajoutée démontre assez qu'elle n'en était pas la cause première et efficiente.

A signaler sur le nombre précité 3 cas d'alcoolisme spécial par l'absinthe et un par le genièvre.

« Le légionnaire de garnison, pour un franc, peut se faire servir sur la table *dix bouteilles de vin*, et pour cinquante centimes *dix absinthes*.

Ces trop nombreux *casse-croûtes*, qu'on pourrait aussi bien appeler *casse-cœurs*, ont presque toujours comme patrons d'avides Espagnols qui spéculent sans remords sur le misérable sou du légionnaire. Chaque goutte que l'homme y boit est une année prise sur son existence. Il le sait ; et peut-être, de le savoir, boit-il plus encore. » (*D'Esparbès.*)

Sur le nombre total de nos malades, nous avons relevé 7 tendances au suicide avec commencement d'exécution ou tendance aux mutilations, à la sitiophobie.

« A peine a-t-il bu, que l'ivresse arrive, dit l'auteur précité. Les idées s'échauffent et se désordonnent, l'éclair de la volonté s'arrête sur la glace des yeux et s'y refroidit. Le soldat compare son ivresse à un petit insecte échappé qui grignote de ses mandibules sa cervelle molle.

« A peine échappé, le cafard s'engage dans la matière cérébrale, y traîne ses pattes fines, s'assoupit dans une fissure, trotte, rampe, furète, et corrompt ainsi tout l'entendement. Pour le légionnaire, « avoir le cafard », c'est être sous le coup d'une idée fixe et maligne, absurde le plus souvent. Quelques traits fixeront cette maladie.

« Lorsqu'il l'entend gratter dans l'intérieur de sa tête, d'une tempe à l'autre, sans bruit, l'homme de la Légion repousse son verre vide, sort en titubant du « casse-croûtes » et va colleter un Espagnol dans la nuit. Alors, gare !

« Ou bien il s'enfonce dans le quartier nègre, jette sa ceinture bleue dans une patte arabe, et demande cinq francs. On lui offre vingt sous, car on sait qu'il acceptera. Il les prend et va boire encore. D'autres les vendent pour huit sous. Résultat : cellule. On voit des Espagnols, à Bel-Abbès et à Saïda, parés de ceintures qui coûtèrent six mois de prison. »

« Le trafic s'étend aux baïonnettes. Le cafard a soif, et l'absinthe coûte si peu. Pour vingt sous, l'homme se désarme. Au retour, l'officier le met en cellule. « C'est vrai, mon capitaine, j'ai tort, *je pouvais en demander quinze francs.* »

« Le cafard est capricieux : s'apercevant qu'un grand nombre de ces étrangers ignoraient le français, un protestant (c'est toujours un pasteur et jamais un prêtre qui prend ces sortes d'initiatives) demanda au colonel de lui envoyer tous ses illettrés. Débuts édifiants : une vingtaine d'hommes, assis sous la lampe, épelaient gentiment les lettres. Mais un soir qu'il était en retard les élèves déménagèrent le mobilier du pasteur et le vendirent. On a renoncé depuis à ce genre d'école. »

Ces quelques exemples de délits caractérisent suffisamment l'état mental de leurs auteurs.

« La première réforme urgente, de l'avis de tous, serait de rétablir à la Légion l'ancien système de la *masse individuelle*; intéressés à faire durer leurs effets pour *toucher la prime d'entretien*, les hommes n'iraient plus en ville vendre leur ceinture ou leur baïonnette, et ne passeraient plus au Conseil pour un vol de 4 ou 5 francs qu'ils regrettent dès que le cafard est « tapi ». Cet insecte, qui fait tant de ravages, excite le tiers de cette multitude à la folie, au vol ou à la révolte.

« Le cafard est non seulement ivrogne, il est amoureux ; il dicte une élégie ou pousse au viol. Il allume l'œil du légionnaire et frise sa moustache. Il sait les ruses, il connaît les portes secrètes. Il est lubrique et curieux. On m'a fait

23.

voir un homme qui s'était vêtu en mauresque pour entrer dans une tente arabe. » (*D'Es-parbès.*)

Parmi nos malades nous avons trouvé 7 érotiques, mais 2 seulement étaient des érotomanes délirants simples, les 5 autres étaient des invertis ou pervertis sexuels, tels que la dégénérescence en fournit des exemples si variés. Quelques tatouages représentaient des figures d'hommes avec cœurs et initiales permettant de supposer des liaisons homosexuelles antérieures.

On sait que les armées coloniales passent pour terrains propices à la floraison de ces vices. Pour nos malades ces perversions n'étaient que les stigmates psychiques d'états dégénératifs dont nous avons d'autre part relevé les stigmates physiques fréquents, ainsi qu'on le trouve signalé aux observations.

L'excitation génésique simple peut être imputée à l'action des climats et a pour conséquence la contamination spécifique fréquente. 3 de nos malades présentaient des signes d'altération organique des centres nerveux caractérisée par des inégalités pupillaires, des tremblements et embarras de la parole, avec affaiblissement intellectuel, relevant selon toute apparence de la paralysie générale syphilitique au début. Ils présentaient d'ailleurs de l'alcoolisme surajouté.

Au point de vue des diathèses autres, je citerai enfin trois cas de tuberculose pulmonaire avec alcoolisme probable, et 7 cas d'affections coloniales palustres, manifestées par de la dysenterie chronique chez l'un, l'anémie palustre, la fièvre hématurique biliaire, et 4 cas de fièvre intermittente avec commencement de cachexie chez 2. Plusieurs malades portaient des cicatrices de blessures anciennes dont quelques-unes reçues au service.

Un malade portait les traces de 5 coups de sabre profonds sur le sommet du crâne, avec cicatrice adhérente à l'os. Les états de service les relataient d'ailleurs comme reçus dans un engagement à la frontière du Maroc. C'est le malade qui porte des tatouages sur le tronc et les membres supérieurs.

Ajoutons enfin la fréquence des insolations, invoquées dans 6 cas. Il est juste d'ajouter qu'en plusieurs cas la pseudo-insolation n'avait dû être qu'une bouffée délirante avec ou sans intoxication alcoolique aiguë.

Au point de vue des catégories sociales d'origine, on voit qu'elles sont des plus mêlées; à côté de baladins et hercules de foire, de voleurs et souteneurs de barrière, dont plusieurs ont été cueillis ensuite par la police de Paris et un évadé signalé comme assassiné sur les boulevards extérieurs de Lyon, on rencontre d'anciens officiers d'armées étrangères, un capitaine suisse, un grenadier de la garde allemande et un pompier belge décoré pour actes de sauvetage difficile, un américain inventeur, plusieurs artistes, modeleurs (italiens), musiciens, poètes, et quelques fils de familles étrangères, que le médecin traitant reconnaît avec stupéfaction authentiques en vérifiant des affirmations qu'on serait au premier abord porté à mettre sur le compte de la mégalomanie.

Les malades dont nous venons de parler, une fois éliminés de l'armée et remis à l'asile aux frais du ministère de l'Intérieur, coûtent 1 fr. 50 par jour. Malgré cela, l'asile d'aliénés qui les reçoit s'en trouve fort embarrassé; car ils nécessitent une discipline et une surveillance très particulières qui rappellent plutôt le régime pénitentiaire que *manicomial*.

Voyons donc ce que deviennent finalement ces malheureux successivement éliminés de leur pays d'origine, de leur pays d'adoption, puis de l'armée et de la société ordinaire.

Devons-nous conserver indéfiniment à la charge de la France et dans les asiles ordinaires ces individus qui en troublent le fonctionnement intérieur?

Je laisse ici la parole à M. le Dr Nolé, qui aborde la question dans son rapport officiel sur l'asile de l'Allier pour 1898.

Si quelques légionnaires ont été utiles à leur patrie d'adoption, un certain nombre n'a, à son actif, que des services rendus à la France, en admettant même que quelques-uns d'entre eux ne soient pas tombés sous le coup des lois militaires. Notre premier soin est de rechercher les antécédents de nos pensionnaires sur lesquels nous n'avons pas ou presque pas de renseignements, se mettre en rapport avec leurs parents, afin, le cas échéant, de faciliter leur rapatriement. Lorsque leur situation militaire, dans leur pays d'origine, le leur permet sans danger, nous leur facilitons l'envoi d'une lettre au représentant diplomatique ou consulaire de leur nation. Bien souvent ces lettres restent sans réponse, soit que la famille ait disparu ou ait changé de domicile (car il s'est parfois écoulé un temps très long depuis le départ du légionnaire, sans préjudice des vicissitudes qui ont pu précéder l'engagement), soit que la conduite de celui-ci ait motivé une rupture irréparable avec les parents, et soit enfin que ces derniers se montrent d'autant moins disposés à recueillir l'enfant prodigue qu'ils apprennent de lui qu'il est interné dans un asile d'aliénés. Les agents étrangers éprouvent souvent des hésitations à accueillir les demandes directes de leurs ex-nationaux; ils leur font remarquer qu'en servant dans l'armée française, ils ont perdu leur nationalité propre et ce n'est qu'exceptionnellement qu'ils saisissent de la question leurs gouvernements respectifs. Il n'en est pas de même quand ils sont sollicités par les familles des intéressés et un rapatriement en est la conséquence habituelle. Je ne parle que pour mention de Français dissimulant leur identité sous un faux nom et s'engageant dans la Légion en qualité d'étrangers. Si, ces moyens épuisés sans résultat favorable, le légionnaire est appelé à rester dans l'asile, quels seront les moyens pratiques, en cas de sortie, de lui fournir les premières ressources ou les facilités de retourner dans son pays d'origine? Nous n'en connaissons qu'un, le travail dans l'asile servant à constituer un pécule de sortie. Mais là encore se présentent bien des difficultés, la rémunération accordée aux travailleurs est des plus minimes, 0 fr. 10 par journée de travail, et l'on voit ce que peut représenter une année de travail après défalcation des jours fériés, des jours de mauvais temps, des jours de maladie. Le malheureux se voit donc condamné ou à rester indéfiniment à l'asile, ou à se voir arrêter comme vagabond sans ressources, à peine hors de l'enceinte de l'établissement; d'autant plus que beaucoup n'ont pas de métier manuel ou sont depuis longtemps déshabitués du travail. Je ne parle, bien entendu, que des aliénés curables ou améliorés, sinon guéris, ayant conscience de leur situation, éprouvant un besoin de plus en plus grand de liberté, en raison de leurs habitudes antérieures, soit avant leur incorporation, soit en campagne ou même en garnison; ces ex-militaires ne voient d'autres termes à leur situation sans issue que dans une évasion qu'ils s'attachent à préparer par tous les moyens possibles, et qu'ils arrivent parfois à réaliser. Le pire malheur qui puisse leur échoir, c'est d'être réintégrés. Et s'ils viennent à commettre d'autres délits, n'ont-ils pas une excuse toute prête? « Ils sortent d'un asile d'aliénés » et cette excuse leur vaudra une atténuation, sinon un acquittement. Et cependant, pour certains, la seule preuve de folie qu'ils donneront sera d'avoir été internés.

Prenons le cas le plus favorable, celui où un ex-légionnaire aura pu acquérir, par son travail dans l'asile, un pécule de sortie. Comme nous l'avons déjà dit, ce pécule sera minime, bon tout au plus à suffire pour les premiers jours qui suivront la sortie; son possesseur en verra bientôt la fin. N'ayant d'autres vêtements que des effets militaires réformés, c'est-à-dire hors d'usage, étranger, parlant mal la langue française, sortant d'un asile d'aliénés, il a bien peu de chance d'être accueilli par un patron quelconque et de trouver un travail rémunérateur.

Retourner au pays, ils ne doivent point y songer s'ils sont déserteurs ou si leur passé est fâcheux. Que faire alors? On en a vu qui, sous un nouveau pseudonyme, contractaient un nouvel engagement dans la Légion, étaient reconnus ou commettaient quelque acte d'indiscipline et placés encore une fois dans un asile en raison surtout de leurs antécédents. Il faut ajouter que, dans ce cas, ils bénéficiaient des connaissances acquises en leur séjour précédent dans un asile, forçaient la note et simulaient des troubles psychiques plus accentués que leur état ne le comportait et que ces troubles disparaissaient dès que le patient était à l'abri de la prison ou du conseil de guerre. Pour être vrai, il convient d'ajouter que nous n'avons pas rencontré d'individu absolument indemne, que tous présentaient pour le moins un fond de débilité mentale, étaient des dégénérés psychiques, des déséquilibrés, dont toute l'existence passée avait été anormale. C'est dire combien malaisément ils supportent une contrainte, une règle, une autorité. Défiants à l'excès, ils interprètent, d'une façon fâcheuse, tout ce qui se dit ou se fait autour d'eux, s'imaginent qu'on supprime leurs correspondances, qu'on les vole; généralement, comprenant peu ou mal les explications qu'on leur donne, ces explications ne font que redoubler leurs récriminations auxquelles s'associent par esprit de solidarité ou simplement pour entretenir le désordre des camarades du porte-parole; leurs réclamations, fondées ou non, sont incessantes et portent sur tous les sujets.

Connaissant leurs intentions, leurs projets d'évasion, on ne peut avoir, sauf de rares exceptions, qu'une confiance très limitée dans leurs promesses de conduite correcte, et il est bien difficile de leur donner une occupation dans l'asile.

Cette situation entraîne l'oisiveté forcée et avec elle les conciliabules que favorise l'usage d'une langue étrangère, les projets d'évasion, les complots, pour s'emparer *per fas et nefas* des clefs des gardiens.

Certains de ces projets n'ont manqué leur effet

que par des causes fortuites ou par des avertisse-
ments donnés par des malades. Là est le danger,
car le nombre restreint de nos sections ne nous
permet pas de disséminer les ex-légionnaires
dans divers services et ils restent groupés par
6, 7, même 13 dans un seul quartier. On ne peut
se dissimuler que ces conditions sont mauvaises
et contraires au bon ordre et à la discipline de
l'asile dans lequel ces éléments étrangers vivent
rarement en bon accord avec les malades de la
région, contribuant à les exciter par leurs réclamations incessantes, leurs conseils, et par leur
attitude indisciplinée et fraudeuse, parfois même
par leur brutalité.

Et en effet, dans un asile ordinaire qui devrait
rester un hôpital de traitement de la folie simple,
ces dégénérés trop souvent insociables ne sont
pas plus supportables qu'ils ne l'étaient dans la
société civile ou l'armée; ils fomentent des
rebellions concertées et entraînent parfois d'autres aliénés dangereux ou criminels en observation pour s'évader en groupe après avoir plus ou
moins maltraité les autres malades et le personnel.

Les perversions morales et instinctives que nous avons signalées rendent aussi toute promiscuité dangereuse. Comme les gaillonnais[1] à l'expiration de leur peine, ces malades, du moins ceux que désigneraient les médecins, au lieu d'être versés aux asiles ordinaires et disséminés au contact des aliénés autres, devraient être réunis dans un asile spécial où le travail industriel serait organisé dans des conditions particulières.

En fait, l'asile ordinaire ne saurait les retenir longtemps et ces gens, de force musculaire peu commune, d'une agilité parfois simiesque se font un jeu des évasions les plus compliquées et les plus audacieuses.

J'ai observé un ancien disciplinaire de la marine à l'asile de Mayenne, qui, après 8 ans de Miquelon, avait été reconnu maniaque intermittent et restitué aux asiles de la Métropole; il s'échappa de l'asile en parcourant suspendu par les bras une longueur de chenal de 18 mètres, à la hauteur du 2e étage. Deux de nos légionnaires

---

1. On appelle ainsi les criminels aliénés qui finissent leur peine à l'asile-prison de Gaillon.

étaient hercules et équilibristes de profession.

La fréquence des évadeurs parmi eux a été de 15/67 parmi lesquels plusieurs récidivistes de l'évasion ou auteurs de mutineries concertées et d'évasions collectives suivies de succès.

Les menaces de mort et les voies de fait au personnel, médecins et infirmiers, ainsi qu'aux autres malades, sont courantes.

Un malade même a fait des menaces écrites de provoquer un déraillement sur la ligne voisine de l'asile, menaces assez circonstanciées et explicites pour avoir motivé de la part de l'administration préfectorale des mesures préventives.

A l'asile trois de ces malades sont morts : l'un de tuberculose, l'autre de cachexie avec pneumothorax, le troisième d'endocardite végétante.

Un sortant a dû mourir depuis de phtisie pulmonaire.

Restent à l'asile comme chroniques incurables 28 malades.

Signé : Dr A. Marie.

Aux Légionnaires

Cette remarquable étude médicale, il ne faut
point l'oublier, ne concerne qu'une faible part de
la Légion. Je l'ai citée entièrement parce qu'elle
est savante et solide, et surtout, je le répète, pour
mieux faire sentir aux chefs de l'armée l'urgence,
par exemple, d'un mode plus sûr de *recrutement*,
d'un *service anthropométrique* installé à Marseille,
d'un nouveau *conseil de discipline*, etc. (voir le
chapitre Réformes et le chapitre Cafard). Après
ces changements, la Légion Étrangère ne comp-
tera plus de malades, et s'il y en pénètre un du
dehors, la « contagion psychologique », deve-
nue bienfaisante, le guérira peu à peu.

Maintenant, à la grande masse héroïque, infiniment douloureuse et infiniment désespérée, à

la sombre et belle Légion je dis adieu, car je termine mon livre là. On méconnaissait les légionnaires, on les connaît maintenant. Je cesse aujourd'hui de parler d'eux, en souhaitant que d'autres commencent enfin à penser à eux. Je leur demande pardon si dans mes articles, je pus froisser un souvenir, rallumer une tristesse éteinte, troubler d'un mot indiscret le craintif silence d'une âme; et je les remercie, car ils éveillèrent en moi l'Émotion, ces divins tumultes par quoi seulement l'homme existe. Je me souviendrai toujours de cette Trappe ardente. Foules saturées, comme un ciel d'orage, d'intelligence, d'enthousiasme, de désespoir et de regret, j'ai compris et j'entends encore votre mutisme: il affirme qu'il n'y a pas d'autre morale que la beauté de souffrir, que la douleur est un flambeau et que c'est à lui que s'allume l'énergie de vivre!

LA LÉGION ÉTRANGÈRE

069. — PARIS, IMPRIMERIE LAHURE

9, rue de Fleurus, 9